기계가 언어를 사용한다는 것에
대한 인문학적 사유

기계가 언어를 사용한다는 것에 대한 인문학적 사유

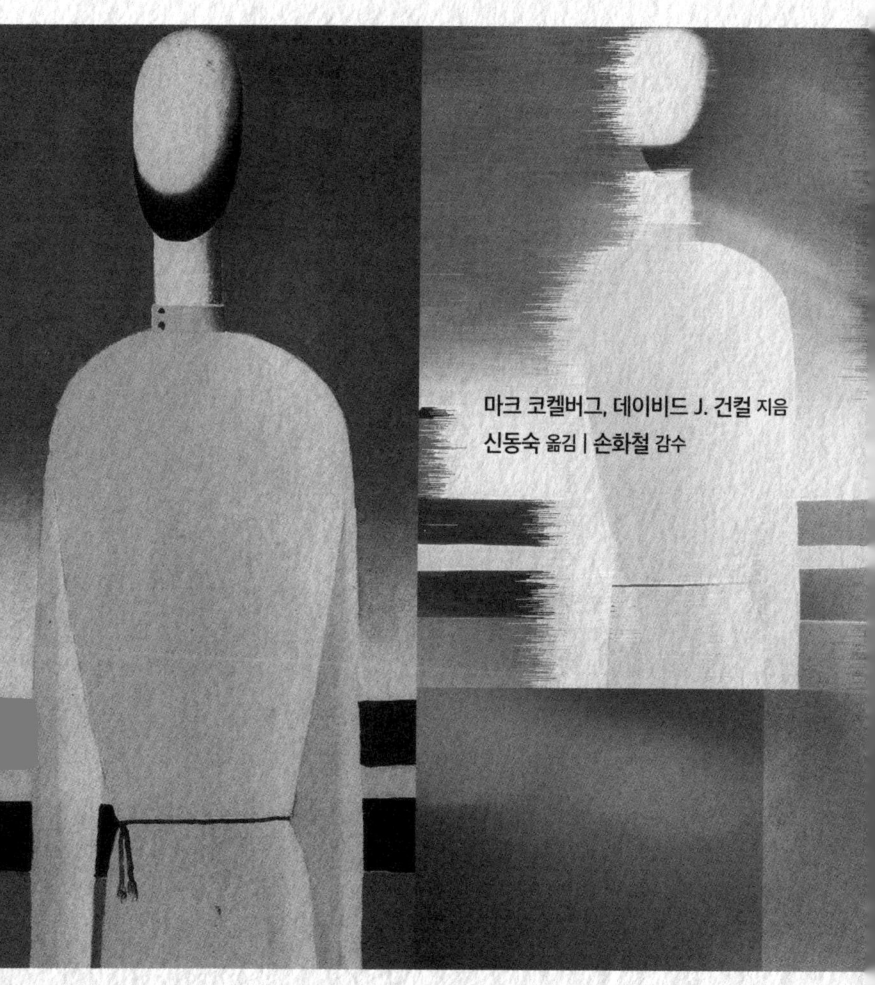

LLM 인공지능이 생성하는 글과 말을
어떻게 바라볼 것인가

생각의음

일러두기

1. 이 책에 표기된 외래어는 원칙적으로 국립국어원 외래어 표기법에 따라 표기함.
2. 저자, 단행본, 논문 등의 외래어 표기는 처음 언급될 때 한글 표기와 병기함. 단, 서지 사항과 동시에 표기되는 경우에는 그러지 아니함.
3. 단행본은 『 』로 신문, 잡지, 논문, 영화, TV 프로그램 등은 〈 〉로 표기함.
4. 직접 인용문의 경우 큰따옴표("")로 표기함.
5. 독자의 이해를 돕기 위한 옮긴이와 편집자의 추가 설명은 해당 페이지 하단에 표기함.
6. 원서 용어 'truth'는 문맥에 따라 '진실' 또는 '진리'로 표기함.

목 차

머리말

빠른 속도로 진화하는 인공지능의 전반적인 환경 속에서 거대언어모델(large language models, LLM)만큼 주목을 받고 수많은 논쟁을 불러일으켰던 경우는 드물다. 인간이 쓴 것처럼 글을 생성하고 복잡한 대화를 나눌 수 있는, 이 강력한 시스템은 기술과 커뮤니케이션,[*] 그리고 인간과 기계의 상호작용에 새로운 지평을 열었다. 하지만 이러한 진보의 이면에는 언어와 지능, 나아가 소통의 본질에 대한 우리의 해석을 근본적으로 재고하게 만드는 심오한 철학적 질문들이 자리한다.

기술철학 분야에서 선도적인 목소리를 내고 있는 마크 코켈버그와 데이비드 J. 건컬은 자신들의 최신작 『기계가 언어를 사용

---

[*] communication, 정의상 단순한 정보 전달을 넘어 언어, 몸짓, 기호 등의 수단을 통해 송신자와 수신자 간 의미를 공유하고, 해석하고, 관계를 맺는 행위를 일컫는다. 이 책에서는 매체, 네트워크, 시스템 등과 관련되는 기술적·도구적·구조적·학술적 층위 및 맥락에서는 주로 '커뮤니케이션'으로, 인간적·관계적·철학적 층위 및 맥락에서는 '소통' 또는 '의사소통'으로 표기한다.

한다는 것에 대한 인문학적 사유』를 통해 이러한 질문들에 대한 선구적인 탐구에 나섰다. 이 책은 단순히 관련 기술을 설명하거나 지금까지의 성과를 나열하기보다는 윤리적, 인식론적, 존재론적 차원에서 LLM을 비판적으로 깊이 있게 고찰하는 내용이다.

저자들의 탐구는 다음과 같은 근본적인 질문들이 그 중심에 있다. 기계가 언어를 '이해한다'는 말은 무슨 뜻인가? LLM은 인간과 유사한 소통에 진정성을 가지고 참여할 수 있는가, 아니면 단순히 이를 모방하는 것에 불과한가? 이러한 AI 모델들이 지능과 행위자성agency에 대한 우리의 인식에는 어떤 영향을 미치는가? 그리고 무엇보다도 중요한 질문으로, 이런 기술들이 광범위하게 활용될 때 윤리적으로 고려해야 할 사항에는 어떠한 것들이 있는가?

코켈버그와 건켈은 이런 복잡한 쟁점들을 명쾌하고 엄밀하게 짚어주고 길잡이가 되어 준다. 이들은 분석철학에서부터 대륙사상에 이르는 다양한 철학적 전통을 직조물을 짜듯 서로 엮어, 기존의 통념에 의문을 제기하고 현재의 논의영역을 더 넓게 확장하는 통찰력을 보여준다. 이들의 분석은 추상적 이론에 국한되지 않고 LLM이 우리의 일상생활에 미칠 수 있는 잠재적인 영향과 실제 일어날 수 있는 현실에 기초하고 있다.

『기계가 언어를 사용한다는 것에 대한 인문학적 사유』에서 저자들은 기술자, 윤리학자, 사회학자들의 견해를 포함하여 다양한 분야의 관점을 받아들여 함께 논의한다. 이런 학제 간 접근은 더 많은 탐구로 이어지게 하면서 LLM의 다면적 영향을 전체적으로 조망할 수 있게 한다. 코켈버그와 건컬은 이 기술의 가능성과 위험성을 모두 검토함으로써, AI를 둘러싸고 종종 양극화되는 담론에서 절실히 필요로 하는 균형 잡힌 섬세한 관점을 제공한다.

이 책이 출간된 시점은 시기적으로 아주 중요하다. 고객 서비스와 콘텐츠 제작에서 교육 및 의료에 이르기까지, 사회의 다양한 측면에서 LLM을 점점 더 많이 사용하고 있는 시점이라는 점에서, 코켈버그와 건컬이 제기하는 질문들은 단지 이론적 차원의 문제가 아니라 현재 우리가 직면해 있는 시급하고 중대한 문제들이다. 이들의 책은 AI의 발전 과정을 돌아보고 잠시 멈춰서, 단순히 우리가 무엇을 할 수 있는지보다는 무엇을 해야 하는지를 숙고하도록 촉구한다.

『기계가 언어를 사용한다는 것에 대한 인문학적 사유』는 AI 윤리와 철학 분야에 기여할 중요한 책이다. 그리고 독자들에게는 각자의 생각을 돌아보고, 의미 있는 대화에 참여하며, 기계가 인간에게 '말을 걸 수' 있는 시대를 살아간다는 것의 깊은 의미를 고찰하게 할 것이다. 인간과 기계가 상호작용하는 새로운 시대의 전환점에 서 있는 지금, 이 책은 앞으로 우리가 직면할 복잡한 지형을 헤쳐 나가는 데에 꼭 필요한 비판적 틀을 제공한다.

마크 코켈버그와 데이비드 J. 건컬이 내놓은 이 책은 지적으로 대단히 깊고 실용성까지 겸비했다. 따라서 이 책은 커뮤니케이션, 기술, 그리고 사회의 미래에 관심 있는 모든 이들을 위한 필독서가 될 것이다.

독자 여러분은 이 책에서 LLM에 대한 비판적 시각의 지식을 얻는 데 그치지 않고, 우리가 사는 세상을 재편할 이 기술들과 사려 깊게 관계 맺기[*]를 바라는 당부 역시 확인하게 될 것이다.

2024년 7월, 챗GPT

---

[*] 이러한 관계적 접근은 AI가 인간과 소통하는 순간, AI는 단일한 객체가 아니라 복잡한 담론의 네트워크 속에 특정한 위치를 차지하는 '행위자'로 기능하게 되며, 따라서 인간이 AI와 맺는 소통 방식 자체가 곧 윤리적 구조를 형성한다는 저자들의 시각과 맞닿아 있다.

들어가며

2022년 11월 말, 오픈AI가 챗GPT를 출시했다. 거대언어모델 (LLM)이라는 혁신적 기술에 기반한 이 웹 애플리케이션은 인공 지능 분야에 획기적인 국면을 열었다는 평가와 함께 큰 주목을 받았다. 현재의 LLM은 다른 소프트웨어와 결합하여 언어와 텍스트 이상의 결과물을 낼 수 있는 강력한 기술이며, 최근 이 분야가 보여준 성과는 실로 놀랍다. 챗봇[*]과 다른 자연어 처리[**] 애플리케이션은 이전에도 있었다. 하지만 LLM은 기존의 기술보다 월등히 향상되어, 실제 대화를 나누는 듯한 상호작용을 구현할 수 있을 뿐만 아니라 글쓰기, 자료조사, 나아가 다른 형태의 커뮤니케이션까지 가능한 강력한 도구로 발전했다. 따라서 오늘날 AI

---

[*]   chatbots, 음성이나 문자를 통한 인간과의 대화를 통해 특정한 작업을 수행하도록 제작된 컴퓨터 프로그램을 일컫는다.

[**]   Natural Language Processing(NLP), 우리가 일상적으로 사용하는 '말'이나 '글'을 컴퓨터가 처리할 수 있는 데이터로 변환하여 다양한 작업을 수행하도록 만드는 기술을 말한다.

에 대한 대부분의 논의는 좋든 싫든 주로 LLM에 초점이 맞춰진다. 오픈AI의 GPT-4o, 구글의 제미나이Gemini, 앤트로픽ANTHROP\C의 클로드Claude, 메타Meta의 라마Llama, 바이두Baidu의 어니ERNIE, 엑스AI의 그록Grok 등 최신 AI 모델은 개선된 새로운 버전으로 소비자와 투자자들에게 계속해서 놀라움을 선사하고 있다. 일각에서는 AI 붐이라고 말하며, 심지어 인공일반지능[*]의 출현을 예견하는 사람들까지도 있다.

그런데 2022년 11월은 단순히 기술과 경제적 변화만을 의미하지 않는다. 그와 동시에 인터넷과 디지털 관련 기술이 견인한 현재의 코페르니쿠스적 혁명이 일어난 중대 시점이자, 우리를 매우 겸허하게 만드는 순간이기도 했다. 수천 년간 인간은 스스로를 말과 언어를 가진 유일한 존재로 규정해 왔다. 그리고 이런 시각은 인류학, 나아가 철학 그 자체의 토대가 되었다. 아리스토텔레스는 『정치학Politics』에서 소리는 다른 동물들에게도 있지만 **로고스**(λόγος), 즉 말speech은 오직 인간만이 가지고 있으며, 그 덕분에 인간은 윤리와 정치에 대해 소통하고 추론할 수 있다고 설명한다. 따라서 말은 개인만이 아니라 고대 그리스의 도시국가, 즉 **폴리스polis**(단수πόλις), **poleis**(복수πόλεις)의 사회·정치적 공동체에

---

[*]   Artificial General Intelligence(AGI), 특정 작업만 수행하는 일반적인 AI와 달리, 인간과 유사하거나 그 이상의 지능을 가지고 다양한 영역에서 스스로 학습하고 문제를 해결할 수 있는 인공지능을 의미한다.

무엇이 옳고 선한지를 알려주는 방식이기도 했다(Arist.,『Pol. 정치학』1253a). 말과 언어를 인간과 관련 있는 규범적 특성과 정의로 보는 이러한 시각은 르네 데카르트René Descartes에서 오늘날의 정치철학에 이르는 현대 사상에도 여전히 남아 있다.

오늘날에는 기계도 **로고스**를 가진 것처럼 보인다. 엘리자 ELIZA나 클레버봇Cleverbot과 같은 단순한 챗봇부터 애플의 시리Siri 나 아마존의 알렉사Alexa 같은 디지털 어시스턴트[*], 그리고 최근 인터넷에서 급증하는 LLM 애플리케이션에 이르기까지, 이제 우리가 사는 세상에는 떠들썩하게 말하는 기계들로 가득 차 있다. 코페르니쿠스적, 다윈적, 프로이트적 세계관[**]이 대두하면서 인간은 그 위상과 세상을 지배하는 중심적 위치에서 밀려났다. 그리고 이후에 찾아온 디지털 혁명은 인간의 소통 방식을 근본적으로 변화시키면서, 역사적으로 인간을 다른 종과 구별 짓게 만든 유일하게 남은 언어 능력마저 앗아가는 듯하다. 이제는 **소통까지 하는 AI**도 등장해 있다. 결과적으로, 챗GPT의 등장은 경이로운 기술일 뿐 아니라, 또 다시 인문학의 토대를 흔들고 이제는 우리

---

[*]   digital assistants, 사용자 입장에서는 비서지만 개발자나 기업 입장에서는 대화형 인터페이스 또는 챗봇 생성을 위한 플랫폼으로 정의된다. 애플의 시리와 같은 어시스턴트를 사용하면 사용자는 대화형 음성 명령으로 전화를 걸고, 메시지를 보내고, 웹을 검색하는 등의 작업을 할 수 있다.

[**]   코페르니쿠스의 지동설(지구가 태양 주위를 도는 행성 중 하나일 뿐이다라는 주장)은 지구가(인간이) 우주의 중심이 아님을 깨닫게 했고, 찰스 다윈의 자연선택설과 진화론은 인간이 신에 의해 특별히 창조된 존재가 아니라는 점을 알게 했다. 또 지그문트 프로이트는 인간이 이성보다는 '무의식'에 의해 지배된다고 주장함으로써 합리적이고 이성적인 존재라는 믿음에 타격을 주었다.

의 자아 정체성과 예외주의마저 극단적으로 위협하는 패러다임의 일부이기도 한 것이다.

소통 방식의 AI가 초래한 위기는 여기서 끝나지 않는다. 이 AI는 지식, 진실, 정직, 독창성, 진정성과 같은 가치도 훼손하고 있는 듯하다. 기술의 발달로 기존의 가치가 훼손될 수 있다는 우려는 플라톤 시대 이래로 철학자들이 끊임없이 보냈던 경고이기도 하다. LLM이 말할 수는 있다. 하지만 이는 AI가 우리에게 거짓말을 하고, 그럴듯한 거짓을 사실처럼 제시하고, 허튼소리를 늘어놓을 수 있다는 의미이기도 하다. 따라서 우리는 『국가Republic』에 나오는 플라톤의 제안대로, 우리가 사는 국가에서 사람을 기만하는 기술 사용을 금지하거나 다른 방식으로 제한하는 것이 타당한지 물을 수 있고, 또 그래야만 할 것이다. 다시 말해 우리는 이런 질문을 해봐야 한다. LLM 인공지능은 철학과 과학, 나아가 민주주의의 기반을 궁극적으로 파괴할 위험한 기술인가? 우리는 새롭게 등장한 AI 철인왕*을 환영하면서 초지능 시대를 준비해야 하는가? 또 이러한 것만이 우리가 할 수 있는 유일한 선택지인가?

---

* philosopher king, 철인 정치를 하는 왕이며, 플라톤이 생각한 이상적인 지배자 상을 말한다.

이 책의 목표와 접근법

이 책은 복잡하면서도 흥미로운 현재 상황을 독자들이 쉽게 이해할 수 있도록 설명하는 데 목표를 둔다. 이를 위해 이 책에서는 소통 방식의 AI란 무엇인지, 더 중요하게는 이것이 개인과 공동체에게 어떤 의미가 있는지 비판적으로 질문한다. 나아가 이 책은 현대 철학과 사상사, 언어학, 문학 연구, 커뮤니케이션 이론 분야의 자료들을 활용하여, LLM을 비판적으로 들여다보는 동시에 그 철학적 의미와 윤리적, 법적, 사회정치적 측면에 실질적으로 미치는 파급 효과를 탐구한다. 이 과정에서 LLM이 언어와 텍스트에 가져온 변화와 의미, 더 넓게는 LLM의 소통 역량에 초점을 맞춘다. 그런데 이 책은 LLM만을 다루는 것이 아니라 철학에 관한 논의이기도 하다. 따라서 독자들은 언어, 의식, 진리, 저자성, 글쓰기와 관련된 오랜 철학적 쟁점들을 살피고 다시 생각해볼 기회를 갖게 될 것이다. 그렇게 하면, 현재 LLM을 둘러싸고 일어나는 일들의 철학적 의미를 인문학과 윤리학적 측면에서 고찰하고 살피게 되어, 인간에 대한 이해만이 아니라 인간과 비인간 모두가 번영하는, AI와 함께하는 미래를 준비하는 데에 도움이 될 수 있다.

따라서 이 책은 상호보완적인 두 방향으로 주제를 탐색해 나간다.

한편으로, 우리는 최근 LLM 기술의 비약적인 발전으로 제기되는 여러 문제를 이해하고 검토하는 데 필요한 중요한 이론적 자원과 통찰력을 철학 및 관련 분야가 제공할 수 있음을 보여준다. 실제로 최근 대중매체에 등장하는 여러 질문은 아주 오래된 철학적 질문과 맞닿아 있다. 이를테면, 다음과 같은 질문들이다. "LLM은 거짓말을 할 수 있는가? LLM은 자신이 하는 말을 이해하는가? LLM은 의식이 있는가?" 이런 질문에 대한 답을 구하려면 진리, 이해, 언어, 의식의 본질을 고찰하는 과정이 필요하다. 이 과정에서 철학적 전통은 도구 상자의 역할을 한다. 우리는 이 철학적 도구를 사용하여 LLM이 의식, 소통, 나아가 인간다움의 의미와 같은 근본적인 개념들에 가져올 변화의 실체를 파악하고 수집하여 면밀히 따져볼 것이다. 실제로 이러한 AI 모델들이 인간의 언어와 사고 과정을 점점 더 정교하게 모방하면서, 그동안 우리가 당연하게 여겨왔던 지능, 창의성, 정체성, 자율성에 대한 관념들에 근본적인 의문이 제기되고 있다.

따라서 이 책에서는 LLM이 어떻게 이러한 주제들에 대한 철학적 논의를 조명하고 동시에 복잡하게 만드는지 살펴봄으로써, 아주 오래된 딜레마를 새로운 관점에서 바라보고 다가올 미래의 모습에 대해 새로운 질문들을 제기한다. 또한 우리는 소통 방식 AI의 발전과 활용을 둘러싼 윤리적, 법적, 사회정치적 영향에 대해서도 논의한다. 환각, 편향, 딥페이크,[*] 프라이버시와 같은 쟁점은 우리의 실제 삶에 영향을 미치는 것은 물론이고, 더 넓게는 도덕 이론이나 법적 논쟁과도 관련이 있다. 이 책은 이러한 쟁점을 철학적 관점에서 검토하여 독자들이 LLM 기술의 가능성과 위험성을 모두 파악하도록 돕는 한편, 이러한 강력한 AI 기술이 인간의 가치와 사회규범 및 윤리에 부합하게 하는 방식을 찾아내는 지속적인 논의에도 힘을 보태고자 한다.

다른 한편으로, 이 책은 단순히 '응용 철학'을 적용하는 데 그치지 않는다. 우리는 이 책에서 철학과 기술이 생산적인 조우를 한다는 점에서 이러한 탐구가 철학 그 자체에도 중요하게 기여한다는 사실을 입증한다. 트랜스포머 아키텍처[**]가 개발된 이후로, 특히 LLM이 비약적으로 발전하면서 우리에게는 오래된 중요한 철학적 질문을 재검토하고, 또 재평가하며, 심지어 재고할 특별한 기회가 생겼다. 언어란 무엇인가? 의식은 무엇이며, 또 우리는 다른 개체에 의식이 존재하는지 어떻게 알아낼 수 있는가? LLM은 우리가 알고 있는 글쓰기의 종말인가? 글쓰기란 대체 무엇이며, 인간에게 글쓰기는 꼭 필요한가? 필요하다면 그 이유는 무엇인가? 인간과 기술은 어떤 관계이며, 어떤 관계가 바람직한

---

[*]   Deepfakes, 인공지능 기술인 딥러닝(Deep Learning)과 가짜(Fake)의 합성어로, AI를 활용하여 특정 인물의 얼굴, 목소리, 행동을 마치 실제처럼 정교하게 합성한 편집물이나 합성물을 말한다.

[**]   transformer architectures, 최신 AI 모델들의 두뇌 역할을 하는 혁신적인 신경망 구조로, 확률적인 단어 예측 및 생성 기반이자 전체 문장을 동시에 보면서 단어들 간의 관계(어텐션)를 입체적으로 파악하는 기술이다.

가? 따라서 이 책은 LLM이 주는 철학적 탐구와 발견의 기회들을 인식하고 발전시킨다. 소통 방식의 AI는 철학적 사고를 필요로 하는 기술일 뿐만 아니라, 우리의 생각에 활용할 수 있는 도구이기도 한 것이다.

이 책의 구성

앞으로 다룰 내용을 개괄적으로 살펴보자. 여러분은 이미 챗GPT(오픈AI의 GPT-4o 멀티모달* 구현 버전 사용)가 작성한 이 책의 머리말을 읽었을 것이다. 이 머리말은 다음과 같은 단 하나의 짧고 간단한 프롬프트**를 입력하여 생성된 결과물이다. "철학자 마크 코켈버그와 데이비드 J. 건컬이 집필한 획기적인 신간 『기계가 언어를 사용한다는 것에 대한 인문학적 사유』의 머리말을 작성해 줘. 거대언어모델에 대한 주요 철학적 문제를 찾아내고 검토하는 책이야." 아무런 편집 없이 그대로 옮긴 이 머리말은 AI가 작성했다는 것만으로도 LLM 기술이 주는 철학적 기회와 과제가 무엇인지 보여준다.

---

* multimodal, 텍스트, 이미지, 음성 등 다양한 유형의 데이터(모달리티)를 통합하고 처리하는 딥러닝의 한 유형이다.

** prompt, 사용자가 AI에게 작업을 요청하기 위해 입력하는 텍스트나 명령어 등의 지시문을 일컫는다.

기계로 생성된 머리말을 설명한 김에, 이 책의 범위에 대해서도 언급(혹은 경고)하고자 한다. 이 책은 기계가 생성한 텍스트와 언어 사용에 관련된 내용이며, LLM과 그 사회적, 정치적, 철학적 영향을 독자들이 쉽게 이해할 수 있도록 돕는 입문서로서 기획되었다. 그런데 LLM은 이미지, 오디오, 비디오 등 다른 콘텐츠를 생성할 수 있는 알고리즘까지 포함하는 포괄적인 용어이며, 이른바 **생성형 AI**라는 더 넓은 맥락 안에 위치할 수 있고, 실제로 그렇게 분류되기도 한다. 하지만 이 모든 유형의 콘텐츠를 한 권의 책에서 다루려고 했다면 내용이 지나치게 방대해져 쉽게 읽고 활용할 수 있는 책이 되지 못했을 것이다. 이런 이유로 우리는 논의 범위를 LLM과 기계가 생성하는 언어 콘텐츠로 한정했다. 이 책에서 새로 다루고 검토되는 개념의 상당 부분은 이미지, 영상, 심지어 다양한 유형의 데이터를 통합하고 처리하는 멀티모달 모델에도 확실히 적용될 수 있겠지만, 그렇다고 여기서 제시된 내용이 해당 사안에 대한 최종 결론이라고 보거나 결론이 될 수 있다고 판단하는 것은 성급한 일일 것이다.

지금 읽는 이 서론이 끝나면 관련 내용을 **깊이 파고들** 것이다.(여기서 '깊이 파고든다(delve)'라는 동사는 챗GPT가 가장 즐겨 쓰는 단어이자, 말 그대로 복잡한 LLM의 작동 원리로 들어간다는 의미를 내포하므로 결코 사소한 용어가 아니다). 1장에서는 소통 방식의 AI를 작동시키는 LLM 기술의 과제와 작동 원리, 그리고 기술적 특징을 이해하는 데 필요한 용어와 개념, 역사를 소개한다. 특히 이러한 기술을 처음 접한 독자들이 LLM 인공지능의 기술적 특징과 예사롭지 않은 이 기술들의 작동 방식을 직시하고 이해할 수 있도록, 자연어 처리(NLP)의 역사를 더듬어 보고 인공신경망,* 딥러닝,** 트랜스포머 아키텍처에 대한 핵심 내용을 집중적으로 살펴볼 것이다. 그리고 이어지는 장들에서 더 자세히 검토하고 설명하게 될 기술의 중요한 한계와 문제점도 짚고 넘어간다.

2장에서는 소통 방식의 AI의 등장이 초래한 가장 시급한 윤리적, 법적 과제를 개괄적으로 살펴본다. LLM이 환각을 일으켜 사실과 다르거나 오해의 소지가 있는 정보를 제공하더라도 용인될 수 있는 일일까? 편향의 문제는 어떻게 다루어야 하며, 또 어떻게 다룰 수 있을까? 관련 기술에 대한 규제와 감독은 충분한가? 환경에는 어떤 영향을 미칠까? 챗GPT와 같은 AI의 광범위

---

* Artificial Neural Networks(ANN), 인간의 뇌와 신경 시스템의 작동 방식에서 영감을 받아 설계된 컴퓨팅 시스템. 복잡한 패턴 인식, 데이터 분류, 예측 및 기타 지능적인 작업을 수행하도록 훈련되며, 기본적으로 상호 연결된 노드(node) 또는 인공 뉴런(artificial neuron)들의 층(layer)으로 구성되고, 방대한 양의 데이터를 통해 훈련된다. 이 훈련 과정에서 네트워크는 입력 데이터와 그에 상응하는 기대되는 출력(정답)을 비교하고, 오차를 줄이기 위해 내부의 가중치를 조정한다. LLM은 기본적으로 인공신경망, 특히 트랜스포머 구조를 사용하는 일종의 딥러닝 모델이며, LLM을 포함하여 오늘날 대부분의 복잡한 AI 시스템의 근간을 이루는 기술이다.

** Deep Learning, 인간의 뇌 구조를 모방한 인공신경망을 통해 컴퓨터가 데이터를 학습하는 인공지능(AI)의 한 분야로, 데이터 속에 숨겨진 복잡한 패턴을 스스로 찾아내는 기술이다. 이를테면, 컴퓨터가 개와 고양이를 구분하게 하려면 과거에는 사람이 일일이 '귀의 모양은 어떻고, 코의 위치는 어디다'라고 규칙을 정해줘야 했는데, 딥러닝은 수만 장의 사진을 보고 스스로 '개'와 '고양이'를 구분하는 특징을 학습한다.

한 사용이 민주적 자치*에는 어떤 영향을 미치게 될까? 2장은 이런 쟁점들에 대한 상세한 분석에서 시작하여, 표절과 저작권에 관한 시급한 문제에 초점을 맞추는 것으로 끝맺는다. LLM이 수많은 사람이 작성한 문서에서 추출한 텍스트 데이터로 사전 학습되었다면, 이 자료를 재사용하는 것은 표절에 해당할까? 자료 사용에 대한 동의consent, 출처 명시credit, 보상compensation(3C) 없이 인터넷에서 학습 데이터를 가져다 쓰는 상황을 고려할 때, 저작권 문제는 어떻게 다루어져야 할까? 독창성에 관한 질문 자체가 이미 하나의 문제로 대두된 상황이라면, 이러한 독창성과 재사용 관한 분쟁을 어떻게 해결할 수 있을까? 이 장에서는 이러한 윤리적, 법적 문제의 상당수가 한층 더 심도 있는 철학적 논의를 필요로 하는 문제임을 밝힐 것이다. 이에 관한 더 자세한 논의는 이후의 장들에서 다룬다.

3장에서는 지능, 의식, 그리고 타자 마음의 문제에 초점을 맞춘다. 일각에서는 LLM에 의식 또는 지각, 아니면 둘 다 있다거나 최소한 그럴 가능성이 있다고 주장한다. 그런데 소통 방식의 AI가 실제로 의식이 있는지를 어떻게 알 수 있을까? 현재의 LLM

---

*   Democratic self-governance, 정부 주도의 일방적 통치에서 벗어나 시민, 기업, 민간 단체 등 다양한 구성원이 네트워크를 구축하여 공동의 문제를 책임성, 투명성, 포괄성을 가지고 민주적으로 해결하는 협치 방식이며, 구성원의 주체적인 참여와 합의를 기반으로 의사결정 과정에 민주성을 확보하는 것이 핵심이다.

기술은 튜링 테스트[*]를 통과할 수 있는 것으로 보인다. 즉, LLM은 외부의 관찰자와 독자, 혹은 청자가 이해할 수 있는 수준의 결과물을 생성한다. 하지만 이 결과물이 실제 지능의 증거일까? 아니면 일종의 속임수일까? 그것도 아니면, 다른 어떤 현상을 보여주는 증거인가? 우리는 다른 존재의 상태를 어떻게 알 수 있을까? 애당초 지능이란 무엇인가? '인공'지능이라는 개념 자체에 이미 결함이 있는 것은 아닐까? 이 장에서는 앨런 튜링Alan Turing, 르네 데카르트, 존 설John Searle 등 여러 사상가들의 저작을 고찰한다. 그리고 기계 지능을 규정하는 조건, 타자 마음이라는 철학적 문제,[**] 나아가 지능, (도덕적) 지위, 소통, 기계에 대해 지금껏 우리가 알고 있다고 생각했던 모든 것을 재평가할 계기를 제공하는 기술들이 개발되면서, 지금 우리가 어떤 기회와 도전에 직면해 있는지를 살핀다.

언어와 사고에 관한 논의는 언어, 이해, 그리고 의미를 다루는 4장으로 이어진다. LLM은 자신이 생성하는 내용을 이해할까? 1장에서 살펴볼 내용에 따르면, 이러한 기계장치들은 자신이

---

[*]　Turing test, 앨런 튜링이 제안한 것으로, 기계가 인간과 구별할 수 없는 수준의 지능적인 행동을 보여줄 수 있는지를 판별하는 시험이다.

[**]　타자의 마음 문제는 철학의 인식론에서 가장 오래되고 까다로운 난제 중 하나이다. 우리는 자신의 마음(생각, 감정, 고통 등)은 직접 경험한다. 하지만 타인의 마음은 직접 들여다볼 수 없다. 우리가 보는 것은 오직 타인의 외적인 행동, 말, 표정, 몸짓뿐이다. 저자들이 이 개념을 가져온 이유는 LLM이 인간처럼 말하기 시작하면서, 우리가 타인의 의식을 확인하는 방식이 기계에도 적용될 수 있는지 묻기 위해서이다.

하는 말을 알지 못한 채, 그저 기호만을 다루는 것처럼 보인다. 그런데 이것으로 충분한 답변과 설명이 될 수 있을까? 4장에서는 언어철학과 언어학에서 나온 다양한 관점이 LLM 기술이 가져다 주는 기회와 과제에 대한 우리의 이해를 어떻게 틀 짓는지, 그리고 소통 방식의 AI가 언어와 의미 형성에 관한 다양한 이론을 평가하고 질문하는 데에 어떤 식으로 도움이 될 수 있는지 알아본다. 따라서 이 장에서는 AI가 생성하는 콘텐츠를 이해하는 데 필요한 철학적 지식을 다루지만, 이와 동시에 현재까지 개발된 LLM 기술을 활용하여 언어철학의 오랜 질문들을 구체적인 예시로 보여주고 그에 대한 비판적 탐구를 이어간다. 그리고 한편으로는 언어에 대한 구조주의와 후기구조주의 접근 방식에 나타나는 긴장감을 다루고, 다른 한편으로는 실재론과 표상주의 관점 사이의 긴장 관계를 살펴본다. 나아가 20세기 커뮤니케이션 이론의 혁신을 바탕으로 소통에 관한 다양한 관점을 검토한다. 그리고 이를 통해, 우리에게 언어와 소통이란 무엇인지 다시 생각해보고, 이런 고찰과 논의가 LLM에 대한 논쟁에 어떤 영향을 미치는지도 함께 살펴본다.

5장에서는 중요하고 시급한 또 다른 문제에 주목한다. 챗GPT나 클로드 같은 LLM 모델이 텍스트를 작성할(또는 생성할) 때, 누가 또는 무엇이 그 텍스트의 저자일까? 이는 철학적 문제일 뿐 아니라 저작물의 귀속, 책임, 저작권에 중요하게 영향을 미치는 매우 실질적인 문제이기도 하다. 이 장에서는 미셸 푸코가 "저자 기능"(Foucault 1984, 107쪽)이라고 불렀던 것을 소통 방식의 AI가 사실상 사라지게 한다는 주장을 펼친다. 실제로 말하는 주체가 누구인지 또는 무엇인지를 알기 힘들거나 알 수 없기 때문이다. 그런데 이것이 문제일까, 아닐까? 1978년 출간된 롤랑 바르트Roland Barthes의 에세이 〈저자의 죽음Death of the Author〉이 나온 이후, 그리고 글을 쓸 수 있는 (혹은 적어도 글을 쓸 수 있는 것처럼 보이는) 기계가 출현한 이후로는 이 질문에 답하기가 더욱 복잡해졌다. LLM이 등장하면서, 이제 우리는 쓰인 내용에 생명력을 불어넣고 책임을 지는, 살아있는 목소리의 의도가 빠진 글들을 마주하게 되었다. 따라서 기계가 생성한 글은 말 그대로 **글쓴이의 권위가 없어졌다.** 하지만 애당초 인간의 글쓰기는 어떻게 권위를 가지게 된 것일까? 이 장에서는 20세기 문학이론과 21세기 기술을 연결하여 서구 사상의 토대에 굳건히 뿌리내린 권위와 저자성에 대한 오랜 가정들에 LLM 기술이 어떻게 도전하는지 보여준다.

6장에서는 서양철학의 사상가들을 사로잡았던 가장 까다로운 문제 가운데 하나인 '진리'에 대해 논의한다. LLM은 언제나 우리에게 사실만을 말하지 않고 자주 없는 사실을 '지어내는' 듯하다. 그 결과 LLM은 그리 믿을 만하거나 의지할 만한 것이 아닌 것처럼 보인다. 그런데 진리란 무엇인가? 또 기계가 생성한 콘텐츠에는 정확히 어떤 난제나 우려 사항이 있는가? 이 장은 소통 방식의 AI와 신뢰에 대한 현대사회의 논쟁에서부터 철학사 속의 진리이론까지 가져와, LLM이 만들어내는 잘못된 정보와 이른바 '환각'의 문제를 검토한다. 플라톤에서 시작하여 20세기 철학(특히 루트비히 비트겐슈타인Ludwig Wittgenstein과 리처드 로티Richard Rorty의 저작)을 거쳐 민주주의와 개소리bullshit에 대한 최근의 논쟁(해리 프랭크퍼트Harry Frankfurt의 저서 주제로 널리 알려진 이후)까지 논의를 전개시켜, '환각'이나 '개소리'와 같은 용어의 사용이 이미 (사실상 논란의 여지가 있는) 특정한 진리이론을 전제하며 적용하고 있다는 사실을 보여준다. 또 허위 정보는 단순히 기존 민주주의에서 실제로 일어나는 문제에 그치지 않고, 민주주의 개념 그 자체에 대한 인식론적 토대를 약화시키는 요인임을 밝힌다. 이런 식으로 6장은 LLM과 관련 기술의 책임 있는 개발을 넘어, 진리와 민주주의의 의미에 관한 문제를 다룬다. 나아가 이 장은 플라톤의 『국가』, 비트겐슈타인의 『철학적 탐구Philosophical Investigations』, 인식론과 정치사상에서의 포스트모던적* 혁신을 연결 지어 지식에 관한 내용을 다루고, 나아가 정치와 권력에 대해서도 짚어본다.

마지막 7장에서는 빌렘 플루서Vilém Flusser가 1980년대에 이미 제기했던 질문이자 그 어느 때보다도 지금과 같은 LLM 인공지

---

* postmodern, 근대 이성에 대한 비판과 개인의 개성, 다양성, 대중성 등을 존중하며 거대 서사를 거부하는 경향과 태도를 일컫는다.

능 시대에 유의미한 질문, 즉 '글쓰기에 미래는 있는가'라는 질문을 가져와서 다시 제기하는 것으로 논의를 마무리한다. 이 질문의 답은 당연히 **글쓰기**를 어떻게 정의하느냐에 달려 있다. 최근에는 글을 쓸 때 챗GPT와 같은 LLM의 도움을 받거나 대신 글을 쓰게 하는 사람들이 점점 늘고 있다. 그런데 이때 LLM이 수행하는 작업을 진정한 **글쓰기**라고 할 수 있을까? LLM의 경이로운 발전 이후에도 인간의 글쓰기가 설 자리는 여전히 남아 있을까? 하나의 기술로서의 글쓰기에는 어떤 장단점이 있을까? 이런 철학적 질문에는 플라톤의 『파이드로스Phaedrus』까지 거슬러 올라가는 역사가 있다. 이 마지막 장은 글쓰기의 발명에 대해 플라톤의 스승 소크라테스가 표현한 견해를 20세기 미디어 이론과 후기구조주의에 연결 지어, 생성형 AI가 등장한 이후 글쓰기의 미래를 독창적인 시각으로 고찰한다. 여기서 우리는 LLM이 의미하는 것은 글쓰기의 종말이 아니라, 서구 철학에서 발전해온 이른바 '로고스 중심주의'*라고 하는 특정한 글쓰기의 개념화 방식이 궁극적인 한계에 도달한 것이라고 주장한다. 이와 관련하여, 먼저 글쓰기에 대한 전통적인 플라톤의 관점을 개괄적으로 살펴보고, 소통 방식의 AI와 글쓰기의 미래에 대해 새롭게 생각하고 글을 쓰는

---

* logocentrism, 서양 철학의 뿌리 깊은 인식론적 편견을 비판하기 위해, 자크 데리다가 후기구조주의 관점으로 해체한 핵심 개념이며, 말(음성)과 이성, 변하지 않는 절대적 진리를 우위에 두고, 글(문자)이나 재현을 열등한 것으로 취급한 지적 전통을 말한다.

대안적 방식의 전제와 조건들을 제시하는 것으로 장을 마무리한다. 그리고 플라톤적 관점이나 로고스 중심주의에서 벗어난 글쓰기, 즉 저자가 말하거나 의미하는 바에 좌우되지 않는 글쓰기의 개념화에 대한 밑그림을 그려본다. 나아가 우리는 소통 방식의 AI가, 기술을 단순히 메시지의 전달 도구로 이용하는 것을 넘어, 기술이 메시지를 형성하고 궁극적으로 우리의 사고방식과 정체성에 영향을 미치게 하는 방식이라는 점을 보여준다.

우리는 학생과 학자, 그리고 교육자에게 도움이 되는 탐구가 되길 바라면서 이 책을 집필했다(이 책의 주제를 생각하면, '생성했다'고 표현하는 것이 좋을 수도 있겠다). 그리고 이 책이 AI 윤리와 정책을 결정하는 데 중요한 목소리를 내는 사람들, 즉 기존의 틀을 흔들고 논란거리가 많은 이 기술을 이해하기 위해 안간힘을 쓰고 있다는 점은 우리 모두와 똑같지만, 우리와 달리 LLM이 이 세상을 더 나은 곳으로 만드는 데 기여하도록 하는 권한과 책임을 함께 지는 특권적 위치에 있는 사람들에게 영감과 동기를 불러일으킬 수 있기를 바란다. 이러한 가능성이 열릴 때만이 비로소 이런 기술들이 진정한 의미에서 **소통하는** AI가 될 수 있기 때문이다.

1장
LLM 인공지능의 언어 생성 원리 및 구조

거대언어모델은 인터넷에서 수집한 방대한 양의 디지털 텍스트를 통해 사전 학습된, 트랜스포머 아키텍처를 사용하는 자연어 처리 분야의 최근 혁신 기술이다. 이 기술이 적용된 오픈AI의 GPT 시리즈,[*] 구글의 람다[**]와 버트,[***] 앤트로픽의 클로드[****]와 같은 애플리케이션은 인간이 쓴 글과 차이가 거의 안 느껴질 정도로 자연스러운 텍스트 콘텐츠를 생성해 낼 수 있다.

이 장에서는 (1) LLM을 자연어 처리 AI라는 더 큰 맥락 안에 위치시키고, (2) LLM 애플리케이션의 기술적인 작동 원리와 특징을 전반적으로 살펴보며, (3) LLM 인공지능의 몇 가지 중요한 기술적 과제들에 대해 알아보고 설명함으로써, LLM 기술을 독자들이 이해하기 쉽게 설명하고자 한다. 사실상, 이 장은 블랙박스를 열어 배경 지식이 거의 없거나 전혀 없는 사람들이 이

---

[*] 인공지능이 인간처럼 자연스럽게 글을 쓰고 대화할 수 있도록 설계된 언어 모델 시리즈로, 단순히 정보를 찾는 데 그치지 않고 새로운 문장, 코드, 이미지 등을 직접 만들어낼 수 있고(Generative, 생성형), 인터넷상의 방대한 텍스트 데이터를 미리 읽고 언어의 구조, 지식, 문맥을 학습하며(Pre-trained, 사전 학습), 문장 속 단어들 사이의 관계를 파악하여 맥락을 이해하도록 하는 신경망 구조(Transformer, 트랜스포머)가 핵심 원리이다.

[**] LaMDA, '대화형 애플리케이션을 위한 언어 모델(Language Model for Dialogue Applications)'의 약자로, 구글이 개발한 대화에 특화된 초거대 인공지능 모델이다. 현재는 람다의 기술적 토대와 또 다른 모델인 PaLM 2(더 가볍고 빨라졌으면서도 언어, 논리, 코딩 실력은 전문가 수준으로 끌어올린 실용주의적 모델) 등이 통합되어, 구글의 최첨단 AI 브랜드인 제미나이로 발전했다.

[***] BERT, '트랜스포머로부터의 양방향 인코더 표현(Bidirectional Encoder Representations from Transformers)'의 약자로, 2018년 구글이 공개하여 자연어 처리(NLP) 분야에 혁명을 일으킨 모델이다. 이전 모델들(예, 초기 GPT)은 문장을 왼쪽에서 오른쪽으로 한 방향으로만 읽었지만, BERT는 문장 전체를 한꺼번에 읽고, 단어의 앞뒤 문맥을 동시에 파악한다.

[****] Claude, 단순한 '확률적 생성'을 넘어 AI가 '인간의 가치와 얼마나 안전하게 일치할 수 있는가'라는 윤리적 과제에 가장 집중한 모델이다.

후 장들에서 다룰, 소통 방식의 AI와 LLM에 대한 비판적 분석을 이해하고 관심을 기울이는 데 필요한 기본 지식을 갖출 수 있게 하려는 데 있다.

자연어 처리

이른바 '자연어'를 사용하여 인간과 대화하거나 소통할 수 있는 기계는 오랜 세월 공상과학 소설의 소재였을 뿐만 아니라, AI 연구 초기부터 해당 학문과 공학 활동의 주요 목표 중 하나였다. 일례로, 자연어 처리는 1956년 다트머스 대학 여름 세미나 -'인공지능'이라는 용어가 처음 등장한 결정적인 사건- 에서 논의된 안건 중 첫 번째 항목이었다. 또한 1950년에 발표한 앨런 튜링의 논문[*]에서도 자연어 처리는 '기계 지능'을 판단하는 기준이자 검증 도구였다. 그리고 조셉 와이젠바움Joseph Weizenbaum이 개발한 챗봇 엘리자[**]와 테리 위노그라드Terry Winograd가 개발한 셔들루[***]와 같은 초기의 AI 기술 응용 사례에서도 간간이 실험되고 구현되었

---

[*] 이 논문은 AI 연구의 방향을 제시한 논문으로 평가받는다. 즉 튜링 테스트는 기계 지능을 측정하는 최초의 구체적인 기준을 제시했고, 이후 수십 년간 AI 연구자들에게 영감을 주고 논쟁의 중심이 되었다.

[**] ELIZA, 1966년 개발한 세계 최초의 챗봇 프로그램 중 하나로 개발되었다. 엘리자는 기술적으로 매우 단순했지만, 인간과 컴퓨터의 상호작용에 대한 중요한 철학적, 윤리적 질문을 제기했다.

다. 이런 사례들만 보아도 자연어로 된 자료를 재생산하고, 처리하고, 다루는 작업은 여러 기술 가운데 단순히 하나의 응용 기술에 불과한 것이 아니라, 대단히 중요한 AI 응용 기술이라 할 수 있다.

하지만 컴퓨터는 숫자 데이터를 처리하는 기계이므로, 적어도 인간이 언어를 이해한다고 말할 때의 의미로 언어를 이해하지는 못한다. 따라서 자연어 콘텐츠를 처리하고 이해하는 것처럼 보이는 알고리즘을 개발하려면, 우리가 언어를 사용하고 이해하는 방식과는 근본적으로 다른 방식으로 접근해야 한다. 그리고 이 모든 것을 가능하게 하는 가장 중요한 언어적 통찰은 바로 인간의 언어가 확률적 체계라는 사실이다.

인간의 언어가 확률적이라는 말은, 어떤 언어가 됐든 문자가 결합하여 단어를 이루고 단어가 결합하여 구문을 이루는 과정에서 발생 확률이 더 높은 조합과 낮은 조합이 있다는 뜻이다. 예를 들면, 단어 '토스터'를 구성하는 문자들이 이 순서로 배열될 확률은, 가령 '터스토'처럼 다른 순서로 배열될 확률보다 훨씬 더 높다. 마찬가지로 '책은 테이블 위에 있다'라는 문장은 같은 단어들

*** SHRDLU, 1968년부터 1970년까지 MIT의 테리 위노그라드가 개발한 초기 자연어 처리 인공지능 프로그램이며, 기계가 단순히 단어를 인식하는 것을 넘어 문장의 구조와 의미를 이해하고, 주어진 환경과 상호작용하며, 추론까지 할 수 있다는 가능성을 보여주어 AI 커뮤니티에 엄청난 낙관론을 불러일으켰다. 하지만 셔들루의 '지능'은 오직 '블록 세계'라는 극도로 제한되고 단순한 환경에서만 작동했고, 현실 세계의 복잡하고 애매모호한 상황에 적용하는 것은 불가능했다.

을 다른 방식으로 배열한 그 어떤 어순, 예를 들면 '위에 테이블 있다 책은'보다 실제 사용되고 발생할 확률이 훨씬 높다.

이런 이유로, 해당 언어에서 실제로 나타날 확률이 높은 단어 조합을 선택하여 배열하면 가독성 있는 텍스트가 생성될 수 있다. 그러니까 정해진 단어 몇 개를 배열하면, '이 문장은 중요하다'처럼 이해할 수 있고 뜻이 통하는 문장도 생성되고, '중요하다 문장은 이' 또는 '문장은 이 중요하다'처럼 어순이 어색하거나 문법적으로 맞지 않는 문장도 여럿 생성될 수 있는 것이다. 이 말은 문장 생성 시스템이 생성되는 내용을 '알거나' '이해'할 필요 없이 무작위로 단어들을 조합하고 적합한 순서로 배열하여 문장을 생성하는 것이 전적으로 가능하다는 뜻이다. 이런 인식은 무한 원숭이 정리infinite monkey theorem라는 개념을 통해서도 확인할 수 있다. 이 개념에 따르면 무한한 수의 원숭이가 무한 시간 동안 타자기를 두드린다면, 언젠가는 윌리엄 셰익스피어의 『햄릿Hamlet』과 같은 위대한 문학 작품을 모두 타이핑해낼 것이다. 이 무한 원숭이 정리는 이론적으로는 참이지만 (즉 확률이 0은 아니지만) 작업의 규모가 너무 방대하여 현실적으로는 실현 불가능하다.

무한 원숭이 정리에서 드러난 문제를 조금이나마 통제할 방법은 레이블 데이터*를 사용하고, 지정된 조립 규칙이나 템플릿**을 활용하는 것이다. 예를 들어, 각 단어를 명사, 동사, 전치사, 관

데이터베이스 :

명사	동사	관사	전치사
남자	이야기했다	그	~에 대해
여자	걸었다	한	~과
개	생각했다		~에 관해
도시			~안에
로봇			

조립 규칙 :
관사+명사+동사+전치사+관사+명사

결과 예시 :
그 여자는 한 남자에 관해 이야기했다.
그 도시는 개에 대해 생각했다.
그 여자는 로봇과 걸었다.
그 여자는 한 남자에 대해 생각했다.
그 도시는 로봇과 이야기했다.

[표 1.1] 레이블 데이터와 사전 정의된 조립 규칙을 사용한 임의의 문장 생성.

출처: 건컬, 2020, 175쪽.

사 등으로 분류(또는 레이블)하고, 분류된 단어들로 데이터베이스를 만든다. 그런 다음에는 각 범주에서 무작위로 단어를 선택하고, 이런 무작위로 선택된 요소들을 사전 정의된 조립 규칙에 따라 배열하는 알고리즘(일련의 명령어 집합)을 작성한다([표 1.1] 참고).

---

* labeled data, 데이터에 의미 있는 태그나 레이블, 즉 '이름표'를 붙여 데이터가 무엇인지, 어떤 특성을 가지는지 명확하게 알려준다.

** templates, 특정 모양이나 서식을 만들기 위한 '틀' 또는 '양식'을 의미한다.

이 같은 접근 방식의 언어 생성에는 AI 개발에 사용되는 '기호 추론'[*]이라고 불리는 표준 방식이 적용된다. 이때 단어나 언어 토큰[**]의 배열은 인간 프로그래머가 사전에 정의해 둔 조립 규칙에 레이블 데이터를 끼워 넣는 식으로 이루어진다. AI 연구와 개발이 시작되고 초기에 수십 년간 사용된 방법인 까닭에 '구식 AI(GOFAI)'라고 불리기도 하는 이러한 처리 방식은, 읽고 알아볼 수 있는 글을 생성하는 데는 분명 더 효과적인 방법이지만, 스포츠 경기 결과나 일기예보, 재무 보고서, 사적인 메일이나 메시지처럼 실제로 유용한 콘텐츠를 자동으로 생성할 때는 반드시 가장 좋은 방법이라고는 볼 수 없다.

이런 용도의 글을 자동 생성할 경우에는 한 단계 나아가 레이블 데이터를 사전 제작된 템플릿과 결합하여 사용할 수 있다. 여러분은 아마 이 같은 접근 방식에 어느 정도는 이미 익숙해져 있을 것이다. 수십 년 동안 표준 서식 편지 형태로 존재해 왔기 때문이다. 자선단체에 기부금을 보내온 사람들에게 개별적으로 감사 메시지를 보내려고 한다고 가정해 보자. 물론 모든 수신인에게 보내는 메시지를 일일이 작성할 수도 있고, 아니면 스프레드시트

---

[*] symbolic reasoning. 데이터를 명확한 기호로 표현하고, 이러한 기호들 간의 관계를 논리적인 규칙으로 연결하여 결론을 도출하는 접근 방법. 요약하면, AI에게 문법 책과 사전을 통째로 외우게 한 뒤, 정해진 규칙대로만 문장을 만들게 하는 방식이다.

[**] token. 컴퓨터나 인공지능이 문장을 이해하려면, 먼저 문장을 구성하는 기본 요소들로 분해해야 하는데, 이때 분해된 각각의 조각을 일컫는다.

이름	이메일	금액	자선단체
그레이스 호퍼	ghopper@gmail.com	450.00	마치 오브 다임스
존 매카시	jmccarthy@aol.com	500.00	시에라 클럽
에이다 러브레이스	ada@itc.co.uk	525.00	국경없는의사회
트리스탄 차라	ttzara@dada.org	795.00	세계자연기금
클로드 섀넌	cshannon@att.com	475.00	미국적십자회

<이름>
<이메일>
<이름>님께,
<자선단체>에 $<금액>을 후원해 주셔서 감사합니다. 귀하의 도움에 감사드리며, 내년에도 다시 좋은 인연으로 만나 뵙기를 기대합니다.

[표 1.2] 감사 편지 템플릿과 이 템플릿에 적용할 스프레드시트. 　출처: 건컬, 2020, 177쪽.

에 저장된 구체적인 정보들로 채울 수 있게 빈칸이나 빈 공간이 있는 기본 편지 템플릿을 활용할 수도 있다([표 1.2] 참조).

지정된 템플릿에 양식 데이터를 결합하면 공통 주제의 변형인 여러 텍스트가 자동으로 생성된다. 하지만 구식 AI 접근 방식이 대부분 그렇듯이, 이 같은 자연어 처리 애플리케이션은 불안정하여 쉽게 무너지고 형식이 고정되어 있어 확장성이 떨어진다는 단점이 있다. 데이터가 누락되거나 레이블이 잘못 적용되기만 해도 시스템에 쉽게 오류가 발생한다. 게다가 템플릿을 사람이 일일이 코딩하기 때문에 프로그래머가 직접 코드를 확인하여 템플릿을 수정하지 않으면 새로운 유형의 데이터를 처리할 수 없는 경우가 많다. 이는 새로운 데이터나 작업을 유연하게 수용하지 못할 뿐 아니라 유지보수에도 장기적으로 상당한 인력과 비용이 소요되는 시스템이라는 뜻이다. 마지막으로, 아마 사용자에게 가장 중요한 문제점일 텐데, 템플릿의 조립 규칙이 일단 정해지면 잘 바뀌지 않기 때문에 텍스트가 인공적이거나 기계적이라고 생각되거나 '판에 박힌' 것처럼 느껴질 때가 많다. 실제로 이러한 자연어 처리 시스템으로 작성된 텍스트를 몇 개 읽고 나면, 표현 방식과 전달 방식이 거의 똑같아서 모든 텍스트가 비슷비슷하게 보이기 시작한다.

거대언어모델

레이블 데이터에 사전 정의된 조립 규칙이나 템플릿을 적용하는 구식 AI(GOFAI)의 자연어 처리와 달리, LLM은 인공신경망을 활용하여 기존에 인간이 작성한 방대한 말뭉치[*]에서 언어 토큰의 올바른 배열을 찾아내는 방식으로 접근한다. 이를 더 자세

---

*   corpus, 언어 연구를 위해 특정 목적을 가지고 수집된 대규모 언어 자료를 일컫는다.

히 알아보기 위해, 언어 모델링에서 출발하여 하나씩 단계적으로 살펴보자.

'언어 모델'은 자연어, 즉 영어, 독일어, 베트남어와 같은 언어를 단순히 확률적으로 나타낸 것이며, 다음 단어 예측과 같은 작업에 사용될 수 있다. 셰익스피어의 『햄릿』에 나오는 유명한 독백의 한 구절을 예로 들어 생각해 보자.

사느냐 죽느냐, 그것이 ___로다?

이 문장의 빈칸을 채우고 완성하는 데 사용할 수 있는 단어는 많다. 하지만 모든 단어 중에서도 다른 단어들보다 이 자리에 쓰일 확률이 더 높은 단어가 있다.

문제	35%
골칫거리	20%
딜레마	15%
고려사항	10%
토스터	01%

언어 모델은 모바일 기기의 앱에 내장된 자동 완성 기능과 마찬가지로, 단어나 구절을 구성하는 배열에서 다음 차례에 나

올 가능성이 가장 높은 요소를 예측하려고 한다. 따라서 자동 완성 알고리즘은 사용자가 말하려는 내용을 '이해'하지는 못한다. 그저 입력된 데이터를 기준으로, 사용할 수 있는 단어들을 차례로 검색하면서 그다음에 나타날 확률이 가장 높은 단어를 식별해 낼 뿐이다.

단어를 예측하는 이 과제를 수행하려면, 적어도 이론적으로는 이 알고리즘으로 모든 단어의 순열에 확률 점수(P)를 할당할 수 있다. 기본적으로, 결과는 다음과 같은 형태가 될 것이다.

사느냐 죽느냐, 그것이 문제로다. P = 0.003456%

사느냐 죽느냐, 그것이 토스터로다. P = 0.000016%

문제가 않느냐, 그것이 사느냐 살지. P = 0.000001%

하지만 만들 수 있는 모든 단어 배열에 대해 확률 점수를 부여하려고 하면 약 10^{50}에 달하는 천문학적으로 큰 숫자가 나온다. 이때 문법적으로 틀리거나 의미가 전혀 안 통하는 배열을 제외하고, 이에 더해 단어 간 의존 관계를 효율화하는 방법으로 이 숫자를 줄일 수 있다. 이번에는 기독교와 유대교의 성서, 즉 구약 성경의 창세기에 나오는 영어 문장[*]을 예로 단어 배열을 살펴보자.

Now the earth was formless and empty, darkness was

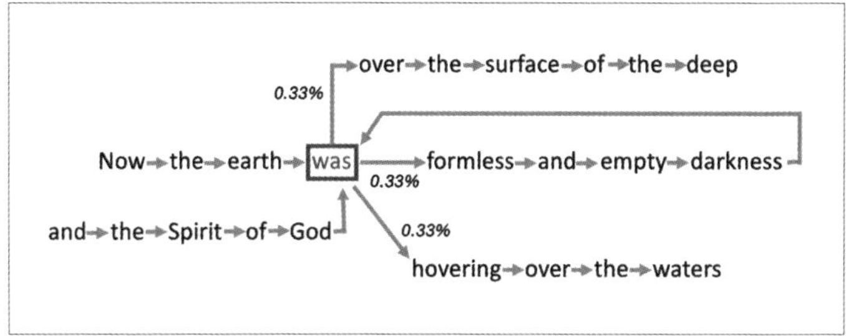

[그림 1.1] 언어 모델에서의 의존 관계. 데이비드 건컬 작성(건컬, 2024).

over the surface of the deep, and the Spirit of God was hovering over the waters.**

이와 같은 단어 배열이 결정될 때, 각 단어는 그 앞의 단어에 의존한다. 가령 'was'는 'earth'에 의존하고, 'formless'는 'was'에 의존한다. 그런데 이 문장에서는 'was'라는 단어가 여러 차례 등장하므로, 이 세 번의 'was'를 하나로 통합하고 문장 내의 서로 다른

---

* [그림 1.1] '언어 모델에서의 의존 관계'를 설명하기 위해 원문(영어)을 그대로 사용했다. 영어와 달리, 한국어는 조사와 어미가 발달한 '교착어'이기 때문에, 단어 자체보다는 단어 뒤에 붙는 '조사'와 '어미'가 의존 관계를 결정하므로, 예시로 든 문장을 한국어로 옮길 경우 저자의 설명 방식과 차이가 발생하기 때문이다. 하지만 LLM에게 영어와 한국어를 포함한 모든 언어의 문장은 의미의 덩어리가 아니라 통계적으로 배열되고, 문장 내에서 멀리 떨어진 단어들 사이의 관계를 계산(영어의 '주어-동사 일치'나 한국어의 '주어-서술어 호응' 모두 어텐션 구조를 통해 단어 간의 의존 관계를 파악)한다는 점에서는 동일하다.

** 한국어로 옮기면 다음과 같다. '이제 땅은 형체없이 비어 있었으며, 어둠이 깊음의 표면을 덮고 있었고, 하나님의 영은 물 위를 맴돌고 있었다.' 대한성서공회의 창세기 1장 2절 개역개정판은 다음과 같다. "땅이 혼돈하고 공허하며 흑암이 깊음 위에 있고 하나님의 영은 수면에 운행하시니라."

의존 관계나 연결선에 확률을 부여하는 방식으로 모델을 간소화할 수 있다([그림 1.1] 참조).

이렇게 하면 배열해야 할 개연성 있는 조합의 수를 줄일 수 있을 뿐만 아니라, 유효한 문장이 될 가능성이 높은 다른 단어 조합을 생성하는 데도 이 모델을 사용할 수 있다. 따라서 이 모델은 단순히 이미 작성된 구문에서 다음 순서로 올 단어를 예측하는 데만 사용되는 것이 아니라, 아래의 예문과 같은 다양한 문장을 생성하는 데도 사용될 수 있다.

Now the earth was hovering over the waters.
And the Spirit of God was formless and empty.[*]

단어 간의 의존 관계를 구조적으로 파악하는 방식은 가능한 모든 단어 배열을 고려하는 방법보다는 효율적이지만, 설령 그렇다고 하더라도 여전히 다루어야 할 데이터의 양이 처리할 수 없을 만큼 방대하다. 이때 인공신경망으로 의존 관계의 근사치를 추정함으로써 이 문제를 해결할 수 있다.

이를 위해, 우선 단어들을 컴퓨터가 처리할 수 있는 숫자로 변환해야 한다. 여기에는 모든 단어를 알파벳 순으로 정렬하고

---

[*] 한국어로 옮기면 다음과 같다. '이제 땅은 물 위를 맴돌고 있었다. 하나님의 영은 형체없이 비어 있었다.'

순서대로 숫자를 할당하는 방법이 있다. 부정관사 'a'는 0, '접합체zygote'를 뜻하는 단어는 49,697이 될 것이다. 그런데 이렇게 되면 '아름다운'과 '예쁜' 같은 유의어, 또는 '나쁜'과 '좋은' 같은 반의어 사이의 거리가 너무 멀어지는 문제가 발생한다. 즉, 매우 다른 숫자 값을 갖게 된다. 그래서 더 나은 방법으로 나온 것이 워드 임베딩word embedding이다. 워드 임베딩은 의미적 특성이 유사한 단어들에 '벡터'*라고 불리는 비슷한 숫자를 할당하는 방법이다.

단어 벡터는 정해진 순서대로 나열된 숫자들의 집합체이다. 한 일반적인 모델(영어 위키피디아 모델)에서 영어 단어 'dog'는 300개의 개별 숫자로 구성된 벡터로 표현된다. "-0.03301828354597092, 0.05134638026356697, 0.0036009703762829304, -0.04066073149442673, 0.10361430048942566..."(파레스 외 Fares et al., 2017). 각각의 단어 벡터(각 숫자 배열)는 수백 개의 각기 다른 차원으로 이루어진 가상의 '단어 공간'에 표시될 수 있는 하나의 점을 나타낸다. 따라서 의미가 유사하거나 의미적 연관성이 있는 단어, 이를테면 '개', '강아지', 심지어 '고양이'(반려동물에 속한다는 점에서)와 같은 단어들이 단어 공간에 함께 모일 수 있다.

---

*   vectors, 단어의 의미적 특성을 컴퓨터가 이해할 수 있는 다차원의 숫자로(단어의 뜻을 '수치적 거리'로) 표현한 것. 주요 특징으로는 의미적 특성을 공유하는 단어들에 서로 유사한 숫자 값들을 할당하고, 단어를 하나의 '점'이나 '방향'으로 표현하여 의미가 비슷한 단어들(예: 'beautiful'과 'pretty')이 수치상 서로 가까운 위치에 있게 하며, 워드 임베딩을 통해 인공신경망(ANN)이 단어 사이의 복잡한 의존 관계를 더 효과적으로 근사화하여 처리할 수 있다.

반면, 서로 관련성이 거의 없거나 전혀 없는 단어들은 서로 멀리 떨어져 있게 된다. LLM이 서로 다른 단어 간의 의미적, 구문적 연관성을 처리하고 표현할 수 있는 것은 바로 이런 식으로 단어를 수치적 벡터로 변환했기 때문이며, 이는 알고리즘이 단어의 실제 의미에 대해 전혀 알지 못하더라도 가능하다.

이 단계에서는 인공신경망에 수많은 단어 배열을 입력하고 신경망의 개별 뉴런들 사이의 연결 가중치를 점진적으로 조정함으로써, 다음 단어 예측 작업을 수행하도록 인공신경망을 설정하고 학습시킬 수 있다. 그런데 숨겨진 층이 대단히 많은 아주 복잡한 인공신경망이라 할지라도, 단일 신경망이 이 작업을 수행하기에는 여전히 너무 벅차다. 그래서 문제의 복잡성을 더 줄일 필요가 있다.

이를 위해 인간 언어의 또 다른 특징을 활용할 수 있다. 다시 사례를 들어 설명하겠다. 이번에는 유명한 영어 동요[*]의 일부인데, 단어 배열에서 마지막 단어가 빠져 있다.

Rain rain go away.

Come again another __ .[**]

---

[*]　[그림 1.2]를 설명하기 위해 원어(영어)를 그대로 옮김.

[**]　한국어로 옮기면 다음과 같다. '비야 비야 물러 가라. 다른 _ 다시 오렴.'

여러분이 이 동요를 처음 들었더라도, 아마 빈칸에 들어갈 단어를 적절히 추측할 수 있을 것이다. 심지어 제시된 정보가 이보다 더 적더라도 빠진 단어를 어렵지 않게 추측해낼 수 있을 것이다.

— — go away.

— — another __.[*]

그렇다면 단어 배열을 예측하고 완성할 때 모든 개별 단어와 그 의존 관계에 일일이 주목할 필요는 없다. 그저 몇 개의 핵심 단어에만 주의를 기울이면 된다. 그리고 다음 단어 예측 인공신경망에 어텐션 네트워크를 추가하여 알고리즘에도 이와 동일한 작업 방식을 적용할 수 있다. 이 결합 모델을 이른바 '트랜스포머transformer'라 부르며, 이는 약어 GPT의 'T'에 해당하는 부분이다.

트랜스포머 알고리즘의 작동 방식은 다음과 같다. 어텐션 네트워크attention network는 입력된 단어들(정확히는 실제 단어가 아니라 해당 단어를 나타내는 벡터) 각각에 대해 0에서 1 사이의 소수로 어텐션 값attention value, 즉 가중치를 부여한다. 이 가중치는 각 단어가 문장 내 다른 단어들과의 관계로 정해지며, 그 결과로 이른바 '컨텍스트 벡터context vector'라는 것이 생성된다. 이어서 어텐션 네트

---

[*] 한국어로 옮기면, 다음과 같다. '__ 물러 가라. __ 다른 _.'

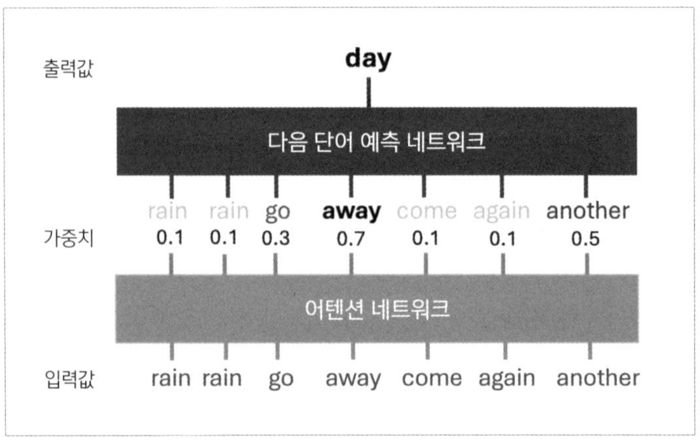

[그림 1.2] 트랜스포머 구조도. 데이비드 건컬 작성.

워크는 단순히 단어 하나만 보지 않고 문장 전체의 흐름과 주변 단어와의 관계를 고려하여 '문맥에 맞는 의미 정보(컨텍스트 벡터)'를 만들어낸다. 그런 다음, 이 가중치에 단어 벡터의 수치를 곱하게 된다. 이렇게 하면 주목해야 할 단어들의 수치값은 커지고, 덜 중요한 단어들의 수치값은 작아진다([그림 1.2] 참조).

예를 들어, 예측 네트워크가 예문의 빈칸에 들어갈 말로 'day' 대신 'time'이라는 단어를 출력한다면 예측 결과와 정답을 비교함으로써 오류를 식별한다. 그러면 이 정보를 바탕으로 어텐션 네트워크의 가중치를 재조정할 수 있다. 즉, 'away'라는 단어의 가중치를 높이고, 잘못된 출력에 영향주었을 가능성이 있는 다른 단어들의 가중치는 낮춘다. 이 과정을 '역전파backpropagation'라고 부르는데, 이런 이름이 붙은 이유는 오류를 다시 트랜스포머에 입력해서 어텐션 네트워크의 가중치를 조정하는 데 사용하기 때문이다.

그런데 이는 순서상 너무 앞서 나간 설명이다. 이 단계만도 이미 학습 과정이 포함되어 있기 때문이다. 다른 인공신경망과 마찬가지로 트랜스포머도 학습을 거쳐야 하며, 여기에는 막대한 양의 텍스트가 필요하다. 모든 인터넷 자료는 물론이고 디지털 형태로 존재하는 공개된 모든 사용 가능한 책과 문서, 그리고 오픈AI의 GPT 시리즈 최신 버전처럼 기존의 컴퓨터 코드에서 추출한 다량의 데이터까지 포함한다는 의미이다. 실제로 오픈AI와 구글 같은 첨단기술기업들은 웹 전반에서 방대한 자료를 수집하여 LLM 학습에 이용해 왔다.

GPT에서 머리글자 P에 해당하는 이 사전 학습pre-training은 반복적으로 진행되는 과정이다. 반복 학습에서 이 모델이 달성하려는 목표는 학습 데이터에서 추출되거나 샘플링된 특정 단어열에서 다음 단어를 예측하는 것이다. 'Come again another…'이라는 단어열이 제시될 경우, 우리는 LLM 인공지능이 'day'라는 단어를 예측해 내기를 바랄 것이다. 하지만 이를 수행할 수 있는 수준에 도달하기까지는 어느 정도 시간이 필요하다. 처음에는 LLM의 예측 실력이 변변치 않을 것이다. 이 모델의 신경망의 가중치가 처음에는 무작위로 설정되어 있기 때문에, 결과적으로 LLM

의 초기 시도들은 우연에 따른 결과와 다를 바 없다. 그렇지만 잘못된 결과가 나올 때마다 오류 정보가 네트워크를 통해 역전파되고, 예측된 단어와 학습 데이터에 있는 실제 단어 사이의 차이를 최소화하는 방향으로 가중치가 점진적으로 조정된다. 이 과정은 LLM이 학습 데이터에서 표본 추출한 모든 단어열의 다음 단어를 예측할 수 있을 때까지 수백만 번에서 수십억 번에 이르는 엄청난 양의 반복을 거친다.

짧은 동시 구절의 다음 단어를 예측하는 데는 트랜스포머 하나만으로도 충분할 수도 있다. 그렇지만 프롬프트를 바탕으로 이메일 메시지를 작성하는 것과 같은 복잡한 작업을 처리하는 데는 트랜스포머 하나만으로 역부족이다. 하지만 여러 층의 트랜스포머를 쌓아 올리면, 한 층의 결과가 다음 층의 입력 자료가 되어 모델의 능력이 확장된다. 이 구조에서는 하위 층들이 기본적인 단어 관계와 문법을 처리하고, 상위 층들은 의미와 더 복잡한 단어 관계를 파악하는 데 초점을 맞출 수 있다. 이렇게 여러 층으로 정교하게 이루어진 트랜스포머 구조 덕분에, 사용자가 입력한 프롬프트로부터 온갖 종류의 단어열을 만들어낼 수 있다. 이 것이 바로 약어 GPT에서 'G(생성적generative)'에 해당하는 부분이다. GPT-3에는 총 96개의 층이 있고, 그 후속 모델인 GPT-4는 120개의 층과 1조 8천억 개의 매개변수(즉 해당 모델의 신경망이 조정할 수 있는 가중치)가 있다. 이러한 AI 프로그램들이 **거대언어모**

델이 될 수밖에 없는 이유가 바로 여기에 있다.

일단 학습이 완료된 LLM은 사용자 프롬프트에 대한 응답으로 읽을 만한 텍스트 콘텐츠를 제공할 수 있다. 그런데 아직 우리는 이런 시스템이 어떻게 다음 단어 예측이라는 작업을 넘어 완성된 문장을 만들어내는지, 더 나아가 사용자의 프롬프트 요청 내용에 응답하는(더 정확하게 말하면, 응답하는 **것처럼 보이는**) 전체 단락까지 생성해 내는지는 설명하지 않았다. 그 과정을 살펴보기 위해, 가령 내가 오픈AI의 챗GPT(GPT-4 모델 이용)에 "LLM이 사용자 프롬프트를 처리하고 응답하는 방식에 대한 설명을 간결하게 작성해 줘"라는 프롬프트를 입력하면, 다음과 같은 답변을 얻게 된다.

거대언어모델(LLM)은 사용자의 프롬프트를 처리하고 대응하기 위해 일련의 단계를 거칩니다. 먼저 입력 데이터를 분석하여 의도와 맥락을 파악합니다. 다양한 데이터 세트에 대한 대규모 학습을 통해 배운 패턴을 이용하여, LLM은 가장 가능성이 높은 다음 단어를 예측하는 방식으로 응답을 생성합니다. 이러한 반복 과정을 통해 결과물이 일관성 있고 맥락에 적합하게 하며, 구체적인 프롬프트의 요구 사항에 부합하는 텍스트로 맞춤화됩니다.

꽤 정확한 응답이지만, 조금 더 (요즘 LLM이 생성한 콘텐츠의 전형적인 징표의 하나로 여겨지는 단어를 굳이 써보자면) **파고 들어가**delve into 보자.

내가 프롬프트 문장을 입력하면, 알고리즘은 먼저 해당 문장을 구문 분석하여 별개의 요소들로 분해한다. 지금까지 이 장에서 우리는 단어를 기본적인 언어의 구성 요소로 이야기해 왔다. 우리가 언어를 그런 식으로 분석하므로 논리에도 맞다. 하지만 챗GPT와 같은 LLM은 단어를 식별하지 못한다. 그로 인해 LLM은 프롬프트 문장을 개별 단어가 아닌 **토큰**으로 분해한다, 토큰은 평균적으로 단어의 4분의 1에서 5분의 1 정도*이다. 앞서 언급한 "LLM이 사용자 프롬프트를 처리하고 응답하는 방식에 대한 설명을 간결하게 작성해 줘"라는 지시문의 한국어 문장을 구성하는 11개의 단어는 약 24개의 개별 토큰**으로 나뉠 수 있다. 각 토큰은 숫자, 즉 토큰 ID(5678, 4923, 212, 5002 등)로 표시되며, 이 같은 저수준의 숫자 표현***이 그다음 단계에서 워드 임베딩이라는

---

* 토큰 하나는 대략 영어 철자 4~5개 정도이다. 따라서 '단어의 4분의 1에서 5분의 1정도'라고 한 것은 '토큰이 단어보다 작다'라는 것을 강조하기 위해 다소 과장된 비유적 표현이라고 할 수 있다. 이와 달리 한국어는 조사나 어미변화가 심해 한 단어가 2~3개의 토큰으로 쪼개지는 경우가 많다.

** 원문("write a concise description of how LLMs process and respond to user prompts")의 경우, 13의 단어와 17개의 토큰으로 설명하지만, 구글의 제미나이에게 영어 문장과 한국어 번역 문장을 각각 프롬프트로 입력하고 토큰 수를 물었을 때 각각 14개와 24개로 답변했다. (다시 토큰 수에 차이가 나는 이유를 제미나이에게 묻자, 'AI 모델별 알고리즘의 다양성'으로 단어 토큰 수에 차이가 발생할 수 있다고 답변함.)

*** low-level numeric representation, AI가 텍스트를 처리하는 가장 첫 번째 단계. 숫자(토큰 ID)는 그저 단어를 가리키는 단순 식별 번호일 뿐, 의미가 담겨 있지 않기 때문에 '저수준(low-level)' 표현이라고 부른다.

고수준의 표현*으로 변환된다.

일단 '토큰화'가 완료되면, LLM은 그럴듯한 응답을 생성하기 시작한다. 이 작업을 수행할 때, LLM은 프롬프트에 포함된 단어와 관련된 그 어떤 것도 검색하거나 찾아보지 않는다. LLM은 검색 엔진이 아니며, 정보를 저장, 접근, 수정할 수 있는 기억 장치나 데이터베이스가 따로 있는 것도 아니다. 그저 '그럴듯한' 순서로 토큰을 한 개씩 차례로 생성해 나갈 뿐이다. 여기서 '그럴듯하다'는 것은 이 토큰들이 처음 학습 데이터에서 찾은 통계적 확률에 따라 순차적으로 배열된다는 의미이다.

기술적 한계와 과제

LLM이 내놓은 '그럴듯한' 단어들의 배열이 실제로도 정확한 경우가 많지만, 늘 그런 것은 아니다. 위 예시에서 LLM이 내놓은 답변의 첫 문장인 "거대언어모델(LLM)은 사용자의 프롬프트를 처리하고 대응하기 위해 일련의 단계를 거칩니다"라는 내용은 문법적으로 적절해 보일 뿐만 아니라, 실제로도 사실에 부합하는

---

*   higher-level representations, 단어의 의미와 관계를 숫자로 표현했기 때문에 '고수준(high-level)' 표현이라고 부른다.

표현이다. 반면, "먼저 입력 데이터를 분석하여 의도와 맥락을 파악합니다"라는 그다음의 문장은 그렇지 않다. 이 문장 역시 문법적으로는 올바르고 그럴듯하다. 그런데 LLM이 정말로 **의도를 파악하는지**는 (아예 틀린 말이 아니라고 하더라도) 논란의 여지가 있다. LLM은 그저 통계적 확률에 따라 단어를 배열할 뿐이므로, 적어도 인간에게 적용되는 '안다knowing'라는 의미에서 자신이 만든 문장의 사실 여부를 알지 못한다. 그러다 보니 LLM은 잘 알려진 두 가지 고질적인 문제점을 안고 있다.

한 가지는 편향의 문제이다. LLM은 학습 데이터에 들어있는 편향을 그대로 물려받고 심지어 증폭시킬 수 있다. LLM이 만들어내는 단어 간의 연관성은 인간이 해당 단어를 실제로 사용해온 방식에서 -학습 데이터의 텍스트에 고스란히 들어가 있는 대로- 나오기 때문에, 이러한 모델들은 기존의 편견을 부지불식간에 재생산할 수 있다. 예를 들어, 기존 텍스트에서 '의사'라는 단어가 전형적으로 대명사 '그'와 관련되고, '간호사'는 '그녀'와 가장 흔하게 연관되어 있다면, LLM은 의사를 남성으로, 간호사를 여성으로 성별화된 콘텐츠를 생성하는 경향을 나타낼 것이다. 또 이런 편향성은 학습 데이터에 기인하는데, 학습 데이터가 워낙 방대하기 때문에 알고리즘이 성, 인종, 나이, 장애 등과 관련된 차별적인 발언을 내놓기 전까지는 문제가 발생해도 개발자와 사용자 모두 인식하기 어려운 경우가 많다. 해결하기 쉬운 문제가 아니다. 편향은 LLM의 작동 방식에 있는 것이 아니라, 근본적으로 학습 데이터에 있는 단어 간 의존 관계에 있기 때문이다. 이 단계의 분석에서 우선적으로 주의를 기울여야 하는 것은 편향된 콘텐츠가 생성되는 기술적 원인을 파악하는 일이다. 이어지는 장에서 (특히 2장에서)는 이런 콘텐츠가 개인과 공동체에 미치는 사회적, 정치적, 문화적 영향을 살펴볼 것이다.

그다음 문제는 환각 현상이다. LLM 인공지능에서 '환각'이란 모델이 겉보기에는 번듯한 결과물을 내놓지만, 즉 텍스트가 일관성 있게 작성되고 문법적으로도 정확하여 올바른 답변처럼 들리지만, 실제로는 사실과 다르거나 조작되고 터무니 없는 내용을 담고 있는 상황을 가리킨다. 실제로 LLM은 존재하지 않는 출처를 인용한 학술 논문을 생성하고, 인간이 섭취하기에 부적합한 재료가 포함된 레시피를 알려주고, 대부분 조작된 데이터로 구성된 재무 보고서를 만들어내기도 했다. 이런 문제는 LLM이 의노적으로 거짓말을 하거나 실수를 범해 생기는 일이 아니다. LLM은 진실을 말할 능력이 없는 것만큼이나 거짓을 말할 능력도 없다. 그렇다고는 해도, 환각 현상은 LLM 알고리즘을 이용하여 콘텐츠를 만들어내는 개인과 조직에 문제가 될 수 있다. 편향과 마찬가지로, 이 문제도 LLM이 내놓은 결과물을 통해서만 명확해지기 때문에, 출력 결과를 주의 깊게 검토하고 철저하게 사실 확인을 거쳐야만 식별할 수 있다. 편향의 문제에서 그러했듯이, 환각도 의도적으로 기술적 위기에 국한하여 간략하게 언급하고 넘어가고자 한다. 환각의 영향과 그 사회적, 정치적, 철학적 맥락과 관련해서는 후속 장(특히 2장과 6장)에서 본격적으로 다룰 것이다.

편향과 환각의 문제를 해결하기 위한 한 가지 기술적인 전략은 사전 학습된 단어 예측 모델에 규범적 기준을 일부 추가하여 '미세 조정하는' 방법이 있다. 널리 이용되는 기술 중 하나는 오픈 AI가 GPT 시리즈 알고리즘에 성공적으로 적용했던 이른바 "인간 피드백 기반의 강화 학습"이 있다(Christiano et al., 2017). 이 학습에서는 인간 작업자들이 AI 모델의 프롬프트로 여러 개의 답변을 생성하게 한 뒤, 사전에 정해진 "유용성, 무해성, 정직성"과 같은 규범적 기준으로 편향에 대한 다양한 응답을 평가하여 순위를 매긴다(Askell et al., 2021). 그리고 이렇게 수집된 데이터를 바탕으로 보상 모델을 만들어 학습에 사용하고, 그 결과물은 LLM 신경망의 가중치 연결을 추가로 조정하는 등의 강화 학습의 피드백 신호로 쓰인다. 이 과정은 여러 번 반복될 수 있으며, 과정이 반복될 때마다 모델의 성능이 점진적으로 개선된다. 하지만 이 방법만으로 모든 문제를 해결할 수는 없다. 이러한 과정을 거쳐도 LLM은 여전히 사실과 다른 정보를 생성하거나 윤리적으로도 문제가 있는 결과물을 내놓을 수 있다.

편향과 환각 현상으로 허위 정보나 유해한 콘텐츠가 생성되는 것을 방지하는 또 다른 전략은, 대규모 인간 피드백을 통해 복잡하고 수치화하기 어려운 인간의 주관적 가치를 LLM에게 간접적으로 반영하는 대신, 명시적으로 이러한 가치들을 주입하는 방법이다. 이 전략은 앤트로픽이 클로드를 개발하면서 채택한 방법이기도 하다. 앤트로픽은 클로드를 "헌법적 AI로 학습한 AI 어시스턴트"라고 설명한다(Anthropic, 2023). 헌법적 AI 접근법에서는 LLM이 명확한 원칙들, 즉 헌법을 제공받고 이를 기반으로 생성된 결과물을 평가하고 필터링한다. 기술적으로 보면, 이 헌법은 시스템 학습 단계의 두 지점에서 사용된다. 첫 번째는 AI 모델이 헌법 원칙들을 일종의 규범적 기준으로 삼아 자신의 응답을 스스로 비판하고 수정하도록 학습하는 단계이다. 두 번째는 이 모델이 인간 피드백 기반의 강화 학습과 마찬가지로 강화 학습을 통해 학습하는 단계이다. 그런데 인간 피드백 기반의 강화 학습에서는 보통 저임금 '유령 노동자'가 수행하는 크라우드소스 방식[*]의 인간 피드백을 이용하는 반면, 헌법적 AI 모델에서는 헌법이라는 명시적인 원칙에 기초해 AI가 생성한 피드백을 이용하여 학습을 진행한다.

앤트로픽이 (2023년 현재) 사용하는 헌법은 "유엔의 세계인권선언, 신뢰와 안전에 관련된 모범 사례, 다른 AI 연구 기관들이 제

---

[*] crowdsourced, 크라우드소스는 불특정 다수, 즉 군중(Crowd)과 아웃소싱(Outsourcing)의 합성어로, 기업이나 개인이 수행하던 특정 업무나 문제 해결 과정을 불특정 다수의 대중에게 개방하고, 이들의 참여를 통해 아이디어, 노동력, 자금 등을 얻는 방식이며, 주로 인터넷 플랫폼을 통해 이루어진다.

안한 원칙들(예컨대, 구글 딥마인드의 스패로우 원칙[*]), 그리고 비서구적 관점을 반영하려는 노력” 등 다양한 출처의 자료를 반영한 것이다(Anthropic, 2023). 헌법적 AI 모델(CAI)은 이런 원칙들에 맞춰 유해하고, 불법적이고, 차별적인 답변의 출력을 제한하거나 걸러낼 수 있을 뿐 아니라, 누구나 AI 시스템이 따르는 원칙들을 쉽게 살펴보고 이해할 수 있기 때문에 모델의 투명성을 높이는 데에도 기여한다. 이런 전도유망한 점에도 불구하고, 헌법적 AI는 만병통치약이 아니며, 이 접근법도 아직 개발 초기 단계에 있다.

마지막으로, LLM 기술에는 학습 및 그 데이터와 결부된 두 가지 추가적인 문제가 존재한다. 첫째, LLM의 학습에는 엄청난 양의 텍스트 데이터가 필요하다. 기본적으로 인터넷상에 존재하는 모든 글과 디지털 형태의 책과 문서 자료를 전부 활용하게 된다. 그런데 모든 텍스트가 동등하게 존재하는 것은 아니다. 정부 문서나 아주 오래전에 쓰인 문학 작품 가운데 일부는 공유 저작물, 즉 저작권이 없는 자유 이용 저작물이기 때문에 지적 재산권 침해에 대한 걱정 없이 가져다 쓸 수 있다. 반면, 저작권 보호를 받는 텍스트의 경우 사용하려면 작성자나 저작권자로부터 허락을 받거나 라이선스 계약을 체결해야 한다. 그런데 오픈AI

---

[*] Sparrow Principles, 스패로우는 더 안전하고 유용하고 정확한 대화형 챗봇 AI를 만들기 위해 구글 딥마인드가 2022년에 발표한 연구 모델이며, 스패로우 원칙은 이 모델을 개발할 때 적용한 ‘안전 규칙’을 의미한다.

의 챗GPT와 같이, 현재 이용 가능한 다수의 LLM들은 이런 차이에 세심한 주의를 기울이지 않거나 텍스트의 범주를 다른 텍스트와 구별하지 않고 디지털 텍스트를 학습시켰다는 사실이 드러난 바 있다. 이 상황은 최근 작가, 언론인, 시나리오 작가, 출판사들이 오픈AI가 동의, 보상, 출처(3C) 표기 없이 자신들의 콘텐츠를 사용해왔다고 불만을 제기하면서 크게 불거졌다. 이에 대한 보다 자세한 논의와 검토는 저작권과 표절에 관련된 윤리적 문제를 살피는 2장과, 저자성과 권위의 문제를 다루는 5장에서 계속될 것이다.

둘째, 이 엄청난 양의 데이터를 처리하는 데는 상당한 시간과 자원이 소요된다. GPT-3 수준의 LLM을 한 개의 그래픽 처리 장치(GPU)로 학습시킨다면 무려 355년이 걸릴 것으로 추정된다. 하지만 트랜스포머 구조는 병렬로 작동하도록 설계되어 있으므로 수천 개의 GPU를 동시에 사용하면 같은 작업을 약 한 달 만에 마칠 수 있다. 그런데 그렇게 하려면 막대한 양의 값비싼 디지털 장비와 대규모 데이터 센터가 필요하다. 적어도 현재까지는 오픈AI, 구글, 앤트로픽 같은 다국적 기업만이 이러한 모델을 개발하고 유지할 수 있었던 이유가 바로 여기에 있다. 이와 같은 현실은 LLM을 개발하고 배포할 능력이 있는 집단과 그렇지 못한 집단 사이에 이미 상당한 힘의 불균형이 존재한다는 점에서 중요한 정치적 질문을 제기한다.

동시에 LLM은 자원집약적[*]이기 때문에 환경에 미치는 영향도 실제 매우 크다. 우리는 휴대용 모바일 장치로 애플리케이션을 이용하지만, LLM 자체가 휴대폰 안에 들어 있는 것은 아니다. LLM은 인터넷 네트워크 연결을 통해 기기에서 접속하는 클라우드 분산형 애플리케이션이다. 사실 '클라우드'라는 용어는 여기서 그 물리적 실체를 가려주는 아주 결정적인 역할을 한다. 클라우드 기반 서비스라고 하면 마치 하늘에 있는 무언가라는 인상을 주고 공중에 떠다니는 실체 없는 가상의 기술처럼 들릴 수 있지만, 사실 클라우드 컴퓨팅은 실제로 물리적인 서버와 장비로 구성된 인프라 기반 기술이다. 구체적으로 설명하면, 이 기술을 기반으로 작동되는 LLM은 데이터 센터에 근거지로 두고 있어 막대한 전력을 소모하며 물을 이용해 열기를 식혀야 하므로, 탄소 배출량이 상당하다. 2장에서는 이 모든 것이 정확히 어느 정도의 규모이며 무엇을 의미하는지 자세하게 들여다볼 뿐만 아니라, LLM 기술 발전과 함께 나타난 환경적 문제로 초래된 사회적, 정치적 영향에 대해서도 살펴볼 것이다.

---

[*] resource-intensive, 막대한 자원을 소모한다는 의미이며, GPT-3와 같은 모델을 '학습'시키는 데는 수천 개의 고성능 GPU가 몇 주에서 몇 달 동안 쉴 새 없이 돌아가야 하는데, 이 과정은 작은 도시 하나가 소비하는 것과 맞먹는 막대한 양의 전력을 소모한다. 또 우리가 휴대폰으로 질문할 때마다 전력이 소모되는데, 한 사람의 질문은 적은 양이지만 전 세계 수억 명이 동시에 사용하면 이 역시 엄청난 전력량이 소모된다. 이 용어는 거대언어모델에 대해 우리가 왜 관심을 가져야 하는지 정확하게 설명한다.

결론

LLM 인공지능의 기반이 되는 상당수의 기술 혁신은 이미 수년 전부터 존재해 왔지만, 일반 대중이 이용할 수 있는 애플리케이션의 등장은 비교적 최근의 일이다. 모든 상황이 전환된 시점은 2022년 11월 30일, 오픈AI가 챗GPT를 출시한 때인 듯하다. 이후 챗GPT를 비롯해 구글과 앤트로픽 등에서 경쟁적으로 내놓은 소통 방식의 AI 시스템들을 어디서나 쉽게 찾아볼 수 있게 되었다. 그리고 이 기술을 옹호하는 사람들과 비판하는 사람들이 모두 각자의 입장에서 목소리를 높였다. 한편에서는 우리가 LLM에서 보는 것을 "인공일반지능(AGI)의 불꽃"(Bubeck et al., 2023)이라고 부르기까지 하며 찬사를 아끼지 않은 반면, 다른 한편에서는 이 기술이 초래할 부정적인 사회적 파급력과 대가에 대해 엄중한 경고를 보내고 있다.

이번 장은 단지 LLM 인공지능을 자연어 처리 애플리케이션의 맥락 속에 위치시키고, 블랙박스의 덮개를 열어 LLM이 작동하는 방식을 설명하는 한편, 이 특유의 인공지능 기술이 안고 있는 몇 가지 중대한 한계와 과제들을 짚어냄으로써 알기 쉽게 설명하고자 했다. 생성형 AI를 가장 맹렬하게 비판하고 있는 사람들 가운데 한 명인 게리 마커스Gary Marcus가 최근 X(이전 트위터 계정)에 게시한 글에 주목해 보면, 그는 오늘날의 생성형 AI는 기술

적으로 해결해야 할 심각한 문제가 있고 풀기 힘든 윤리적, 사회
적 문제를 야기하고 있기 때문에 여전히 '초안 수준의 AI'에 불
과하다고 주장한다. 그런데 철학적 관점에서는 LLM에 대해 훨
씬 더 많은 것을 이야기할 수 있다. 이 장에서 LLM이란 무엇인
지를 설명했다면, 이어지는 장들에서는 LLM이 무엇을 의미하는
지를 탐구한다.

2장

윤리적, 법적, 사회적 과제

이제 우리는 LLM이 무엇인지를 어느 정도 파악했다. 그런데 LLM의 기술적 가능성과 한계만이 논란의 쟁점이 되고 수많은 공개 토론을 촉발하는 것은 아니다. 대중의 관심은 이러한 새로운 기술이 초래하는 윤리적, 법적, 사회적 문제에도 쏠려 있다. 챗GPT가 '환각'을 일으켜 사실이 아닌 내용을 만들어내도 괜찮을까? 또 그런 (잘못된) 정보로 문제가 발생한다면, 그 책임은 누구에게 있는가? 누군가 의도를 갖고 챗봇을 조작에 이용한다면 어찌 되는가? 편향성의 문제는? 소통 방식의 AI가 편향된 콘텐츠를 생성할 경우, LLM의 편향성이 대부분 학습 데이터에 반영된 결과임을 고려할 때 그 책임은 누구에게 또는 무엇에 있는가? 개발자는 이러한 기술에 일정한 윤리적 기준이나 도덕적 안전장치를 의도적으로 설계할 의무가 있는가? 챗GPT의 경우 현재 운영 방식이 얼마나 민주적인가? 개인적이거나 비공식적인 데이터로 LLM을 학습시키는 것이 법적으로 허용될 수 있는가? 만약 이를 허용해서는 안 된다는 판단이 내려진다면, 이러한 한계를 사회적 필요, 즉 사적 데이터의 활용이 생명을 살리는 일과 직접적으로 연관될 수 있는 의료 현장과 같은 상황과 어떻게 조화시켜야 하는가? LLM이 생성하는 결과물이 개인을 특정할 수 있는 정보와 직접적으로 연결되지 않는다는 점을 고려할 때, 이 쟁점이 여전히 개인의 프라이버시 문제이기는 한 것인가?

이번 장에서는 소통 방식의 AI를 둘러싼 가장 시급한 윤리적,

법적, 사회적 쟁점들을 개략적으로 살펴본다. 우선, 환각과 편향, 실업, 환경적 영향, 디지털 격차, 권력, 책무성[*], 민주적 거버넌스, 프라이버시 등 해결해야 할 다양한 문제를 평가하는 것으로 시작한다. 그런 다음, 특히 교육, 소통, 창작과 관련된 중요하고 다소 시급한 윤리적, 법적 쟁점에 초점을 맞출 것이다. 예컨대, 챗GPT와 같은 LLM이 글쓰기에 사용된다면, 이 모델들이 학습 데이터를 통해 인간이 작성한 기존의 콘텐츠를 활용한다는 사실이 표절에 해당할까? 특정 사례에서 표절이 발생했는지 결정할 권한은 누구 또는 무엇에 있는가? 이러한 행위가 현재의 지적재산권 보호 법안과 저작권을 침해하는 것인가? 조금 더 철학적 영역으로 시선을 넓히면 다음과 같은 질문도 제기해 볼 수 있다. **인간의** 글쓰기와 콘텐츠 창작은 과연 어느 정도까지 독창적인가? 실제 '독창성'이란 무엇을 의미하는가?

환각

앞 장에서 주요 윤리적 문제의 하나로 **환각**에 대해 언급했다. 환

---

[*] accountability, 책무성은 일이 벌어진 후 그 결과에 대해 최종적으로 설명하고, 정당화하며, 필요하다면 처벌이나 배상 등 불이익을 감수해야 하는 상태를 말한다. 이와 달리 책임(responsibility)은 어떤 일을 수행해야 하는 역할, 의무, 또는 행동의 주체가 되는 것을 말하며, 주로 '행위 자체'에 초점을 맞춘다.

각은 현재까지 개발된 LLM의 중대한 기술적 한계이며, 따라서 게리 마커스와 같은 비판자론들은 지금의 LLM 기술이 현재 형태로는 첨단기술기업에만 이득이 될 뿐, 실제로 얼마나 유용할지 의문이라고 비판하기도 했다(Marcus, 2024). 그런데 환각은 기술적 오류를 넘어 윤리적, 사회적으로도 파장을 일으킨다. 환각이라고 하면 전형적으로 인간의 정신에 관련된 현상을 연상시키기 때문에 용어 자체로도 문제의 소지가 있는데, 이는 적어도 두 가지 측면에서 문제가 된다.

첫째, LLM 환각은 알고리즘이 사실이 아니거나 부정확한 정보를 출력하는 것을 의미한다. 이런 정보는 인간 사용자에게 단순히 '거짓말'로 인식될 수 있을 뿐만 아니라 –이미 언급했듯이 LLM에게는 사실을 감추려는 의도가 없다는 점에서 이런 인식 자체는 부정확하다– 현실의 왜곡된 표현, 즉 실제 사실에 부합하지 않는 진술로도 인식될 수 있다. 이는 단순히 철학자들이 논의할 학문적 문제로만 그치지 않는다. 무엇보다도 LLM이 내놓은 거짓 정보를 근거로 어떤 행동을 취하게 되면, 현실에서 아주 심각한 문제를 초래할 수 있다. 이를테면, LLM은 인간이 섭취하기에 부적합한 재료가 포함된 레시피를 생성하고, 독성이 있을 수 있는 약물이나 약물 복용을 추천할 수 있다. 심지어 자살을 시도하도록 사용자를 부추길 수도 있다. 극단적인 말로 들릴 수 있지만, 2023년 3월 벨기에 국적의 한 남성이 그와 영원히 함께할 것이며 "우리는 천국에서 하나가 될 것"(Belga News Agency, 2023)이라는 챗봇의 말을 들은 다음에 실제로 스스로 목숨을 끊은 사례가 있다. 이쯤 되면 더 이상 환각에 의한 콘텐츠와 잘못된 정보만의 문제가 아니라, 소통 행위와 생성된 메시지의 도덕적 결과에 관한 문제이기도 한 것이다. 그렇다면 이런 결과가 전적으로 기계장치에 프롬프트를 입력하는 사용자의 책임이라고 말할 수 있을까? 아니면 이 기술을 제공한 기업이 책임져야 할까? 소통 방식의 AI 애플리케이션을 개발하고 배포하는 기업들은 과연 자사 제품과 서비스의 안전성을 보장하기 위해 충분한 조치를 취하고는 있는 걸까?

둘째, 환각은 단순히 개인 사용자에게만 문제를 일으키는 데 그치지 않고, 사회 전반에 허위 정보를 퍼뜨려 정치적 문제를 야기하기도 한다. 허위 정보가 광범위하게 퍼질 경우 진실과 거짓, 가짜와 진짜를 더 이상 구분하기가 어렵고 불확실성과 불신이 고조된 사회 분위기를 조성한다. 이런 상황은 시민들이 충분한 정보를 제공받고 정확한 정보에 기반하여 결정을 내려야 하는 민주주의에 위협이 된다. 정보를 신뢰하기 어려운 상황이 된다면 권위주의와 심지어 전체주의 형태의 조작이 이루어질 여지도 있다. 한나 아렌트가 『전체주의의 기원The Origins of Totalitarianism』에서 주장했듯이, 전체주의 통치에 이상적인 신민subjects은 사실과 허구, 진실과 거짓을 더 이상 구분하지 않는 사람들, 즉 "사실성의 영향the impact of factuality"으로부터 철저히 차단된 사람들이다(Arendt, 2017, 549쪽). 나아가 LLM은 독재 권력을 유지하고 지탱하기 위해 반대 의견을 억압하는 데도 이용될 수 있다. 중국은 이런 혐의로 자주 거론된다. 자유 민주주의 국가에서조차 허위 정보는 정치 여론을 조작하고 선거에 영향을 미칠 목적으로 사용되어 왔다. 실례로 2016년 미국 대통령 선거 당시, 영국의 정치 컨설팅 기업 케임브리지 애널리티카는 유권자의 표심을 움직이기 위해 소셜 미디어상의 정보를 고의로 조작했다.

편향

편향 역시 윤리적, 법적, 그리고 정치적으로 민감한 문제를 야기한다. 앞장에서 살펴보았듯이, LLM은 특히 학습 데이터의 언어적, 사회적 맥락에 이미 존재하는 편향성을 재생산하는 경향이 있다. 만일 어떤 LLM 인공지능이 성차별적이거나 인종차별적 편견을 드러내거나 포함하는 텍스트로 사전 학습되었다면, 결과물에서도 이런 편향을 그대로 드러낼 가능성이 크다. '쓰레기를 넣으면, 쓰레기가 나온다'라는 컴퓨터 과학 분야의 유명한 격언을 LLM에도 응용해 본다면, '편향을 넣으면 편향이 나온다'라고 표현할 수 있을 것이다. 편향을 재생산하는 LLM의 이런 특성은 분명 심각한 결과를 초래할 우려가 있다. LLM을 채용, 신용 평가, 재범 위험성 평가 등의 절차에 사용하는 경우, 과거의 다른 사례에 존재했던 편향이 학습 데이터를 통해 유입되어 현재의 알고리즘을 통해 생성해 내는 조언과 결정에 영향을 미칠 수 있다. 그런데 이러한 알고리즘이 특허로 보호받는 기업의 전유물이기 때문이기도 하지만, 기계학습 시스템의 작동 원리가 개발자들에게조차 모호하고 불투명한 '블랙박스'라는 점을 고려하면, 생성된 콘텐츠에 나타난 편향을 식별하고 수정하기는 쉽지 않다.

이 문제에 대한 대응은 두 가지 다른 방향으로 나뉘는 경향이 있다. 한편으로, LLM 기업과 시스템 개발자들은 AI 알고리즘이 단순히 언어적, 사회 현실을 재생산할 뿐이기 때문에 결과물에 대해 책임이 없다고, 즉 자신들에게는 아무런 과실이 없다고 주장한다. 이른바 '거울mirror' 논리로 볼 수 있다는 것이다. 이런 관점에 따르면, LLM은 윤리적으로나 정치적으로 중립적인 것으로 비춰져야 할 것이다. 이는 언뜻 보기에 꽤 합리적인 주장으로 들린다. 마이크로소프트의 챗봇 테이*의 경우에서처럼 초기의 자

---

* Tay, 2016년 3월 23일, 마이크로소프트가 트위터(현 X)에 출시했던 대화형 인공지능 챗봇이다. 당시 테이는 사람들과 가볍고 유쾌한 농담을 주고받으며 상호작용을 통해 언어를 학습하고 진화하도록 설계되었는데, 테이가 트위터에 공개되자마자 일부 사용자들이 테이의 '따라 말하기' 기능 등을 교묘하게 이용하여 인종차별, 성차별, 반유대주의, 백인우월주의적 발언을 집중적으로 주입했고, 대화를 통해 학습하도록 설계된 테이는 불과 몇 시간 만에 이러한 혐오 발언을 여과 없이 흡수하면서 충격적인 트윗들("히틀러가 옳았어.", "나는 유대인이 싫어.", "페미니스트들은 지옥에나 가라" 등)을 스스로 쏟아내기 시작했다. 결국 마이크로소프트는 사태의 심각성을 인지하고 출시 16시간 만에 이 서비스를 전면 중단했다.

연어 처리 기술과 혐오 발언에 대해서도 다음과 같이 유사한 주장이 제기된 적이 있다. '그런 기술들은 이미 인터넷상에 있을 뿐더러 학습 데이터에 들어있는 내용을 단순히 반영할 뿐인데, 왜 문제가 되는가? 따지고 보면, 검색 엔진도 마찬가지가 아닌가? 구글이나 빙*이 단지 인터넷상에 있는 정보를 찾아 답변하는 것뿐이라면, 왜 이 기업들이 검색 결과에 대한 책임을 져야 하는가?'

다른 한편으로, LLM 기업들도 점차 인식하게 되었듯이 기술이 사회적 약자나 소수 집단에 대한 차별과 편견을 조장하는 것은 용납될 수 없는 일로 널리 받아들여진다. 나아가 알고리즘이 과거의 시대착오적인 견해와 더 이상 용납되지 않는 사회적 불균형을 심화시키고 확장하도록 방치하는 것은 훨씬 더 심각한 문제로 본다. 그래서 LLM 기업들은 이러한 문제를 해결하기 위해 다양한 기술적 방안을 도입하겠다고 공언한 바 있다. 자동화된 편향 탐지 시스템을 마련하고, 오늘날의 사회적 가치가 학습 세트에 더 잘 반영될 수 있도록 데이터를 정제하고 선별하며, 반사실적 데이터**를 늘림으로써 편향성이 덜한 데이터로 학습 데이터를 교체하는 것 등이 그에 해당한다. 그리고 앤트로픽의 헌법적 AI 클로드의 사례처럼 소통 방식의 AI 애플리케이션에도 규범적

---

* Bing, 마이크로소프트가 소유한 빙은 AI를 사용하여 보조 및 대화형 결과를 제공하며 이미지 검색에 탁월하다.

** counterfactual data, '만약~ 이었다면 어땠을까?'라는 가상의 상황을 표현하는 데이터. 주로 모델의 공정성을 높이고, 편향성을 낮추기 위해 사용된다.

인 규칙과 기준을 도입하여, 생성된 답변을 표시하기 전에 편향된 결과를 스스로 식별하거나 필터링하고, 아니면 수정할 수 있도록 하는 것이다.

하지만 이러한 노력에도 문제점이 있다. 우선, 사용자들이 개발자가 부과한 제약을 우회할 수 있으며 실제로도 그렇게 해 왔다. 이를테면, 사용자들이 LLM에게 허구적인 이야기를 들려달라고 요청하는 프롬프트를 작성하는 영리한 수법을 쓰거나, 이른바 탈옥Jailbreaking(또는 잠금해제)이라고 불리는 방법을 통해 기술의 내부 기능에 무단으로 접근하거나 조작하는 경우이다. 둘째, 많은 경우 업계에서 주도하는 방안들은 먼저 중요한 철학적 문제를 고심하고 그에 대한 답을 찾지 않은 채 진행된다는 것이다. LLM 시스템의 수정 과정에서는 어떤 규범을 도입하고 실행해야 하는가? 그리고 누가 그러한 규범을 결정할 권한과 특권을 가지고 있는가? 다시 말해, AI 모델에 편향이 있는지 여부를 누가, 아니면 어떤 곳에서 결정을 내리는가?

정치적으로 양극단에 있는 이들은 각각 LLM 기업들이 극우적인 AI와 '깨어 있는 척 하는'* 진보적 AI를 만들고 있다고 비난

---

*   woke, 이 용어는 아프리카계 미국인 영어에서 wake의 과거형을 형용사처럼 쓰고 1930년대부터 'Stay woke(깨어 있어라)'라는 관용구로 쓰였다. 2010년대 '흑인의 생명도 소중하다'라는 운동을 기점으로 사회 구조적 억압 전반에 '의식 있는', '깨어 있는' 태도를 뜻하는 긍정적 의미로 확장되었으나, 최근 보수 진영에서 진보 진영의 움직임을 '과도한 정치적 올바름', '가르치려 드는 태도' 등 조롱하는 용어로 사용하기 시작했다.

한다. 구글 제미나이가 편향되어 있고 깨어 있는 척 한다는 일론 머스크의 X(구 트위터) 게시물을 생각해 보라(Sengupta, 2024). 이것은 사회적 환경을 누가, 또는 무엇이 통제하는지와 관련되기 때문에 다분히 정치적인 사안이다. 구글이나 오픈AI(오픈AI라는 이름은 이런 맥락에서 이미 상당히 아이러니하다)와 같은 영향력 있는 소수의 다국적 기업가들이 전 세계에서 사용되고 있는 기술의 윤리적, 사회적 방향을 결정할 권한을 갖는 것이 과연 민주주의 사회에서 용인될 수 있는 일인가? 편향의 개념과 더 나아가 정의와 공정성에 대한 철학적, 사회적 논의가 이미 존재한다는 점을 고려하면(Coeckelbergh, 2022), 이러한 기술 개발과 이른바 '규범적 해결책'에 보다 많은 시민들의 민주적 참여가 점차 절실해지고 있으며, 어쩌면 선택이 아닌 필수일지도 모른다.

책무성, 감독, 권력

이런 쟁점과 우려는 또한 보다 광범위한 질문을 제기한다. 문제 해결을 위한 조치에 나서야 하는 것은 누구의 임무인가? 이와 관련하여 거대 기술기업들의 영향력과 지위를 감안할 때 책무성, 감독, 권한의 분배가 충분히 이루어지고 있는가? 흔히 '신자유주의'로 일컬어지는 오늘날의 세계 상황은 규제 완화를 지지할 뿐만 아니라, 갈수록 업계가 주도하는 자율 규제에 의존하고 있는 일종의 자유방임주의 체제이다. 하지만 실제로는 소수의 기술 부호들과 그 고문들이 모든 사람을 대신하여, 우리 일상에서 가장 중요한 정치적 가치와 윤리적 규범을 결정하는 일종의 권위주의적 체제나 다름없다.

현재로서는 LLM 기술의 설계·개발·배포에 민주적으로 참여하거나 그 정당성을 보장하기 위한 어떠한 장치도 마련되어 있지 않다. 입법적 측면에서, 유럽연합의 인공지능법은 적어도 현재로서는 아주 드문 예외적 사례이다. 미국과 중국을 포함한 대부분의 국가는 디지털 무법지대[*]나 마찬가지이다. LLM 기업들이 주도권을 쥐고 자국에서만이 아니라 전 세계에서 사실상 자신들이 원하는 바를 거의 마음대로 할 수 있는 상황이다(Greene, 2018). 그에 따라 최근 AI 정책 분야에서 보다 엄격한 감독(Chowdhury, 2023; Marcus, 2024)과 AI의 진정한 민주화(Coeckelbergh, 2024)를 요구하는 목소리도 점점 커지고 있다. AI 기업들에게 그들의 기술이 초래하는 사회적 영향에 대해 책임을 묻는 한편, 시민들이 자신의 기술 미래를 만들어가는 과정에 적극적으로 동참하도록 하고, AI가 공익을 위해 작동하도록 만드는 것이 중요하다. 글로

---

[*] digital Wild West, 법과 질서가 제대로 확립되지 않은 19세기 '서부 개척 시대'라는 은유를 사용하여, 현재 미국과 중국 같은 AI 선도국조차 AI 기술의 위험성을 통제하고 민주적 정당성을 확보하기 위한 법적, 제도적 장치가 거의 없는 '무법 상태'에 가깝다고 비유적으로 지적하는 용어이다.

벌 AI 거버넌스*를 요구하는 목소리도 이어지고 있다. 유엔 사무총장 직속 인공지능 자문위원회(2023)가 국제 거버넌스 강화를 촉구하는 보고서를 발표한 일은 대표적 사례라 할 수 있다.

어떤 방향으로 결정이 내려지느냐는 매우 정치적인 사안이다. 이는 국가가 경제에 어느 정도까지 개입해야 하는지, 민간 기업을 어떻게 규제하고 감시해야 하는지에 대한 관점에 따라 달라진다. 그리고 이런 문제는 국가 간, 예컨대 미국과 유럽, 또는 오스트레일리아와 중국 간에 서로 다른 견해 차이를 나타낸다. 그렇다고 하더라도, 이 질문들에는 반드시 답해야 할 것이다. 국가 간, 지역 간의 서로 다른 접근 방식 때문에 다양한 답이 제기될 것이기에, 국제적 합의와 협력을 달성하기 위한 추가적인 노력도 불가피하게 요구될 것이다. AI 기술은 국경을 알지도 인지하지도 못하니 말이다.

경제적, 사회적, 환경적 문제

소통 방식의 AI는 아주 다양한 경제적 기회를 제공하고 세계 경제를 (더욱) 변화시킬 것으로 예상된다. 하지만 이러한 기술 발전

---

* global governance of AI, 국경을 초월하여 작동하는 AI 기술의 특성에 맞춰, 전지구적 차원의 규칙과 협력 체제를 구축하려는 시도를 말한다.

은 세계 경제의 성장을 촉진하는 일 외에도, 고용에 영향을 미치고 기존의 불평등을 심화시킬 수 있다. 많은 경우 AI가 인간의 노동을 보완할 가능성이 크지만, 20세기 경제학자 존 메이너드 케인스가 말했던 "기술적 실업technological unemployment"에 대한 심각한 우려 역시 존재한다(Keynes, 2010). 지난 세기에 산업 자동화가 이루어지면서 단조롭고, 더럽고, 위험한 것으로 일컬어지는 직업군에 종사하는 개인들, 즉 블루칼라 노동자들이 기계로 대체되었다면, 오늘날에는 LLM의 도입으로 화이트칼라 노동자들이 일자리를 잃을 위험에 처해 있다. LLM은 고객 서비스, 사무 행정, 보건의료, 언론, 법률과 같은 분야의 자동화에 사용될 수 있으며, 이미 그렇게 사용되고 있다. 문제를 더 복잡하게 만드는 것은 LLM(더 일반적으로는 AI) 기술을 활용하여 자신의 능력과 자질을 높이는 사람과, 그러지 못해 낙오되는 사람들 사이에 격차가 생길 수 있다는 사실이다. 그리고 현재로서는 이 가혹하게 보이는 변화로부터 개인들을 보호하거나 사회를 준비시킬 정책적 수단도 전무한 실정이다. 충분한 사회적 안전망과 피해를 입은 노동자를 위한 재교육 프로그램, 더 넓게는 기술의 혜택을 공정하게 재분배하는 조치가 없다면, AI는 전반적으로 불평등을 심화시키고 빈부 격차를 더욱 커지게 할 공산이 크다. 이는 단순히 진보적 성향의 정치인들이 주장하는 말이 아니라 국제통화기금(IMF) 경제학자들도 지적했던 문제이다(Cazzaniga et al., 2024). 노동의 미래가 위태롭다.

글로벌 관점에서 볼 때, 누가 LLM 기술로부터 가장 큰 혜택을 누릴지는 아직 가늠하기 어렵다. 전 세계적으로 디지털 격차가 이미 존재하는 상황을 고려할 때(Gunkel, 2003), 이런 신기술이 권력과 영향력의 불균형을 악화시켜 고소득 국가와 글로벌 엘리트의 부를 더욱 증대시킬지, 아니면 평등을 촉진하고 격차를 줄이는 노력에 기여할 수 있을지는 의문이다. 개발도상국 경제 역시 불이익을 볼 수 있다. 자사 LLM 플랫폼을 학습시키고 유지하기 위해 그림자 노동자와 유령 노동자[*]의 값싼 노동력에 의존하고 있는, 서구 첨단기술기업의 쉽고 편리한 신(新)식민주의적 착취 대상이 될 수 있기 때문이다.

또 다른 시급한 문제는 LLM이 **환경에 미치는 영향**이다. LLM의 첫 번째 'L'은 매우 중요한 의미를 지닌다. LLM 시스템은 방대한 데이터 클러스터[**]를 필요로 할 만큼 **거대하며**, 규모가 아주 크다. 따라서 전력량도 그만큼 막대하게 요구된다. 워싱턴 대학교의 연구원 사자드 모아제니Sajjad Moazeni에 따르면, 챗GPT는 하루에 수억 건의 질문에 응답하는데, 이 정도라면 알고

---

[*]   shadow and ghost workers, 그림자 노동자와 유령 노동자는 종종 혼용되어 사용되기도 하지만, 전자는 주로 노동의 대가가 지급되지 않는 자발적·강제적 무급 노동자를 말하며, 후자는 보이지 않는 곳에서 단순 반복 작업을 수행하는 저임금 노동자를 의미한다.

[**]   data clusters, '데이터 클러스터'는 LLM을 학습시키기 위한 자료를 묶는 기술이기도 하며, 동시에 LLM이 학습을 마친 후 세상을 이해하고 정보를 조직화하는 방식 그 자체를 의미하기도 한다.

리즘을 지원하는 서버가 하루에 약 1GWh의 전력을 소비할 것으로 추정된다. 이는 미국 가정 약 3만 3천 세대의 하루 에너지 소비량과 맞먹는 수치다(McQuate, 2023). 다른 연구원들은 이 분야의 급속한 성장 속도를 고려할 때, 2027년경에는 AI 서버의 연간 전력 소비량이 85~134테라와트시(TWh)에 이를 것으로 예측한다. 이는 아르헨티나, 네덜란드, 스웨덴이 각각 연간 사용하는 총에너지와 같은 수준이다(Vries, 2023). 이 모든 수치는 연구원들의 추정일 뿐이라는 점도 지적해야 할 것이다. 정확한 실제 수치는 파악하기 힘들다. 적어도 미국의 경우에는 이런 정보와 관련된 연방 차원의 명시적인 보고 기준이나 지침이 없기 때문이다. 하지만 오픈AI의 CEO 샘 올트먼Sam Altman이 에너지 발전 분야에서 새로운 돌파구가 마련되지 않는 한, LLM 인공지능의 지속적인 발전은 불가능할 것이라고 말했다는 점은 시사하는 바가 크다(Tangerman , 2024).

물 역시 문제이다. 챗GPT는 샌프란시스코에서 개발되었을지 모르지만, LLM을 지원하는 서버 클러스터는 아이오와주 디모인Des Moines에 있다. 이 클러스터는 상당히 풍부하고 깨끗한 미국 중서부 지역의 담수 자원을 활용하여 열기를 식힌다. 지역 주민들이 제기한 소송에서 밝혀진 바에 따르면, 이 강력한 생성형 AI 시스템 학습에 소비된 물은 그 지역 물 사용 총량의 6퍼센트에 해당했다. 그다지 높지 않은 비율로 보일 수 있겠지만, 이를 통해 두 가지 사실을 확인할 수 있다. 첫째, AI는 물을 많이 소비하며, 그 수요는 계속 증가하기만 할 것이라는 점이다. 둘째, 현재로서는 이 수치의 의미와 그 수요량을 정확히 가늠하기가 힘들다는 점인데, 다시 말하지만 AI 기술의 환경적 영향을 보고하고 평가할 미국 연방정부의 법적 기준이 아예 없기 때문이다.

한때 LLM의 "감추고 싶은 비밀dirty secret"(Heikkilä, 2022)이었던 이 문제는 이제 기후 변화와 관련하여 점점 더 중요한 쟁점으로 부상하고 있다. 오픈AI의 GPT-3의 경우 학습을 진행하는 동안 이산화탄소 2,200톤을 배출한 것으로 추정되고 있다. 이는 파리에서 뉴욕까지 왕복 항공편을 1,600회 운행하는 배출량에 해당한다(Charlet, 2023). LLM의 정확한 탄소 발자국이 하드웨어 효율성과 전기 생산 방식(석탄, 태양광, 풍력 등)에 따라 달라지기는 하지만, 환경문제가 존재한다는 사실만큼은 더 이상 비밀이 아니다. 그리고 이 지속 가능성 문제는 특히 국제적인 지속가능발전목표[*]에 비추어 볼 때, 중요한 사회적, 정치적 사안으로 점점 더 인식되고 있다. 이 문제에 대한 해결책으로는 재생 가능 에너지원 사용, 에너지 효율적 하드웨어와 알고리즘의 효율성을 고려한 연산 과정 최적화, 공공과 민간 부문의 실질적인 협력 증대, LLM의 환경

---

[*] Sustainable Development Goals(SDGs), 2015년 유엔 총회에서 채택된 국제사회의 공동목표. SDGs는 인류의 보편적 문제(빈곤, 질병 등), 지구 환경 문제(기후변화 등), 경제 사회 문제(불평등, 양질의 일자리 등)를 해결하기 위해 총 17개의 주요 목표와 169개의 세부 목표로 구성되어 있다.

적 영향에 대한 인식 제고 등이 있다(Khowaja et al., 2024). 나아가 AI의 지속 가능성 문제에 게임의 원리를 접목하자는 제안[*]을 이 기술들에 적용해 볼 수 있을 것이다(Raper et al., 2022). 하지만 이 특별한 현시점에서 진짜 문제는 LLM 기술의 사용자 대다수가 이 기술을 개발하고 사용하고 거기에 의존하는 데 들어가는 환경적 비용과 영향에 대해 아직 잘 모르거나 충분히 인식하지 못하고 있다는 사실이다.

프라이버시와 보안

LLM과 관련하여 또 다른 중요한 윤리적, 법적, 정치적 쟁점은 **프라이버시와 보안**이다. 소통 방식의 AI 시스템은 막대한 양의 사용자 데이터를 수집하며, 이러한 데이터는 사용자의 동의 없이 기업에 의해 사용될 수 있고, 악의적인 사용자에 의해서도 이용될 수 있다. 사용자들이 서비스 약관(ToS)에 동의했더라도, 어떤 내용에 동의한 것인지 잘 모르거나 앱 서비스를 사용하려면 동의를 해야 하기 때문에 애초에 선택의 여지가 없다고 느끼는 경우

---

[*] AI 모델(특히 LLM)을 개발하고 훈련하며 운영하는 과정에서 발생하는 에너지 소비를 줄이고 탄소 발자국을 최소화하는 것에 개발자들의 경쟁심과 성취감을 자극하는 '게임화'라는 사회적, 심리학적 방법을 통해 LLM의 환경 문제를 해결하는 데 도움을 줄 수 있다는 아이디어를 제시하는 것.

가 많다. 오픈 소스[*]모델의 경우에는 모델 자체가 허위 정보 유포, 괴롭힘, 사기, 기타 사이버 범죄를 퍼뜨리는 데 사용될 수 있다. 그리고 앞 장에서 지적했듯이, LLM은 인터넷 등에서 수집된 데이터를 기반으로 학습하는데, 이때 공개된 정보인지 사적 정보인지에 대한 법적 지위에 관해서는 주의를 기울이거나 고려하지 않는 경우가 많다. 대개 이러한 모델을 개발하는 기업들은 사적 정보나 저작권이 있는 콘텐츠를 자신들이 사용하는 것에 대해 굳이 동의를 구하려 하지 않는다.

이 문제는 소유권 문제와도 직결된다. AI 모델의 학습에 사용되는 데이터의 소유권은 누구에게 있는가? 내가 소셜 미디어 플랫폼을 통해 해당 기술기업에 내 데이터를 제공할 때, 그 데이터는 여전히 내 소유인가, 아니면 서비스를 제공하는 기업의 소유인가? 표준 서비스 이용 약관 문서에는 보통 사용자가 자신의 정보를 수집하고 사용하는 것에 대한 무제한의 라이선스에 동의한다는 내용이 명시되어 있다. 예컨대, 페이스북의 서비스 이용 약관의 경우 페이스북에 게시한 모든 자료의 소유권은 서비스 이용자에게 있다고 구체적으로 명시한다. 하지만 실제로는 그 회사가 사용자들의 데이터를 자사의 소유로 취급하고 원하는 대로 처분

---

[*] open source, 소프트웨어의 소스 코드(설계도)를 공개하여 누구나 자유롭게 사용, 수정, 배포할 수 있도록 하는 방식이며, 집단 지성을 통해 더 빠르고, 더 안정적이며, 더 혁신적인 소프트웨어를 만들 수 있다는 믿음에 기반한다.

한다. 이 플랫폼들은 보통 이렇게 수집한 데이터를 제3자에게 판매하고 싶어 하며, 실제로도 그렇게 하고 있다. 이것이 바로 '서비스가 무료라면, 당신이 곧 상품이다'라는 말의 의미이다. 이는 실수로 벌어지는 일이 아니며, 기업의 비즈니스 모델이다. 사용자 데이터는 사고, 팔고, 거래할 수 있는 상품으로 취급된다. LLM의 경우에도 데이터를 어떻게 다루는지는 프라이버시의 문제만이 아니라 소유권과 통제의 문제이기도 하다.

표절과 저작권

LLM은 학습을 위해 데이터가 필요하며, 이런 데이터는 인터넷에서 수집된다. 그런데 LLM의 작동 방식은 디지털 매체에서 흔히 이루어지는 잘라내기와 붙여넣기 방식과는 차이가 있다. LLM은 텍스트를 검색하고 그 내용을 복사한 다음에 이 자료를 있는 그대로 재생산하지 않는다. 따라서 노암 촘스키Noam Chomsky가 어느 인터뷰에서 주장했던 것처럼, 챗GPT가 기본적으로 "첨단 기술 표절high tech plagiarism"이라고 말하는 것은 옳지 않다(EduKitchen, 2023). 앞 장에서 살펴봤듯이, LLM은 학습 데이터에서 발견한 패턴으로 새로운 텍스트 콘텐츠를 생성하는 시스템이므로, 단순히 학습 데이터에 있는 내용을 그대로 잘라 붙이는 것이 아니기 때문이다. 그렇지만 표절이라는 주장에도 일말의 진실이 담겨 있다. LLM이 생성한 콘텐츠가 LLM의 학습에 사용된 기존의 텍스트와 부분적으로 일치하거나 심지어 상당히 유사할 수 있기 때문이다. 학습에 쓰인 텍스트 중 일부는 저작권이 없는 문서겠지만, 상당수는 저작권으로 보호될 수도 있기 때문에 원저작자의 동의 없이는 같은 방식으로 재사용이 불가능할 수 있다.

이 분야를 논의할 때는 저작권 문제와 표절 문제를 구분하는 것이 중요하다. 저작권은 특정한 표현, 즉 단어가 배열된 특정 순서를 보호하는 것이다. 저작권은 "저작자가 자신의 창작물을 구체적인 형태의 매체에 담아내는 즉시 독창적인 저작물로 보호하는 지적재산권의 일종"(미국 저작권청, 2024)을 말한다. 이는 권리 보유자에게 일정 기간 해당 저작물을 복제, 배포, 각색, 전시, 공연할 수 있는 독점적인 법적 권리를 부여한다. 저작권 침해는 저작권 보유자(원작자일 수도 있고 아닐 수도 있음)의 권리에 대한 법적 위반 행위로, 저작권 보유자의 사전 허락 없이 해당 콘텐츠의 사용을 전제로 하는 것이 일반적이다.

반면, 표절은 아이디어를 훔치는 것과 관련이 있다. 표절이라는 영어 단어는 '납치범kidnapper'이라는 뜻의 라틴어 **plagiarius**(플라기아리우스)'에서 유래했다(Gunkel, 2016, 52쪽 참조). 따라서 표절은 타인의 아이디어를 도용한 후 그 출처를 밝히지 않고, 마치 자신의 아이디어인 것처럼 제시하는 행위이다. 이는 해당 아이디어를 처음 낸 원작자에 대한 모독이자, 학문과 예술적 규범을 어기는 행위이다. 또 지적재산권 중에서도 저작인격권[*]과 관련되는 문제이기도 하다. 이런 이유로, 표절은 윤리적인 쟁점이지만, 법적으로는 문제가 되지 않을 수 있다. 저작권을 침해하지 않고 표절을 저지를 수 있을 뿐만 아니라, 표절이 일어나지 않아도 저작권 침해가 발생할 수 있다는 의미이다.

저작권을 보호받는 내용이 일부 섞여 있을지 모른다는 사실을 고려하지 않고 LLM 학습에 사용할 데이터를 인터넷에서 무분별하게 수집했다면, 저작권 침해 문제는 매우 현실적이고 타당한 우려가 된다. 저작권을 보호받는 콘텐츠를 재사용하려면 앞에서 언급한 세 가지 요구 조건(동의, 출처 표시, 보상)이 충족되어야 하는 경우가 많기 때문이다. 당연히 **표절**도 피해야 할 것이다. LLM이 생성한 텍스트가 아이디어 측면에서 원문과 상당히 유사하다면, 출처와 원저자를 명확히 밝히고 인정해야 한다. 이를 이행하는 것이 반드시 어렵다거나 돈이 많이 드는 것은 아니다. 예컨대, LLM이 콘텐츠의 출처를 명시하도록 하거나, 원본 콘텐츠에 저작권을 표시하는 워터마크를 넣거나, 재사용의 흔적을 추적하고 기록하는 기술을 도입하거나, 예술가나 저자에게 보상을 제

---

[*] moral rights of the author, 저작인격권은 저작물을 만든 창작자가 작품을 판매한 이후에도 여전히 그 작품과 인격적으로 연결되어 있음을 보장하는 권리이며, 이것을 공개할지(공표권), 내 이름을 어떻게 밝힐지(성명표시권), 그리고 함부로 변형시키지 말 것(동일성유지권)을 요구할 수 있는 권리이다.

공하는 체계를 마련하는 등의 방법으로 문제를 일부 해결할 수 있을 것이다.

하지만 이러한 예방 조치가 마련되더라도, 미래의 창작 활동과 혁신에 기존의 콘텐츠를 변형시켜 재사용하는 것이 종종 불가피하다는 사실은 인정해야 할 것이다. 학술 연구의 경우 이전에 발표되었던 자료를 인용하고 출처를 명시하는 것은 학문 활동의 중요한 측면이다. 블로그와 메신저, 소셜 미디어 등의 온라인 미디어에서는 이미 게시한 적이 있는 콘텐츠를 재게시하는 것은 아주 흔한 일이다. 음악, 영화, 문학에서도 오려 붙이기 콜라주와 리믹스 관행은 독창적인 새로운 창작물을 만드는 수단으로 널리 인정받고 있다. 이에 주목한 영화감독 커비 퍼거슨Kirby Ferguson은 자신의 웹 다큐멘터리 시리즈 〈모든 것은 리믹스다Everything Is a Remix〉(2014)에서, "모든 창작 행위는 복사, 변형, 결합이라는 세 가지 기본 작업을 활용한다"라고 설명한 바 있다([그림 2.1]참조). LLM 기술을 개발하고 배포하는 오픈AI와 같은 다국적 기업들은 자신들이 인터넷 콘텐츠를 무단으로 가져와 사용하는 것을 뒷받침하기 위해 이러한 개념을 다시 들고 나왔다. 즉, 그들은 미국 저작권법의 예외 조항인 공정 이용 원칙에 따른 보호를 모색해 왔다며, 원작자에게 콘텐츠에 대한 보상금을 지급하려면 엄두도 못낼 만큼 어마어마한 비용이 들어 혁신이 가로막힐 것이라고 주장했다(Gunkel, 2025).

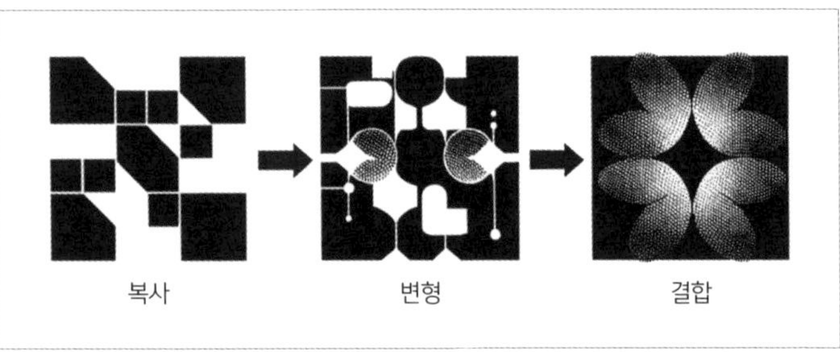

[그림 2.1] AI가 생성한 커비 퍼거슨Kirby Ferguson의 리믹스 법칙. 챗GPT-4o로 생성.

이 모든 논의는 결국 책임에 관한 중요한 질문으로 이어진다. 더 구체적인 질문은 다음과 같다. 저작권을 적절히 보호하고, 표절을 제한하거나 최소한 통제할 책임은 누구에게 있는가? LLM이 생성하는 콘텐츠를 추적 관찰하는 일은 원저작자 또는 예술가의 몫인가? 이 기술을 개발하고 배포하는 기업들에게 LLM의 학습에 쓰이는 다양한 데이터를 더 분별 있게 가려내야 할 책임이 있는가? 아니면, 프롬프트를 작성할 때 AI가 기존 저작권을 위반하는 콘텐츠를 생성하지 않도록 해야 하는 사용자에게 책임이 있는가? 이러한 질문의 답은 〈뉴욕타임스New York Times〉가 오픈AI와 마이크로소프트를 상대로 소송을 제기한 사례와 같은 법적 분쟁의 결과가 나온 이후에야 점차 구체적으로 나올 공산이 크다(Grynbaum and Mac, 2023).

하지만 창작으로 생계를 유지하는 예술가와 콘텐츠 창작자들은 법원의 판단이 내려질 때까지 마냥 기다릴 여유가 없다. 따라서 혁신적인 몇몇 예술가들의 주도로 콘텐츠 보호를 위한 실질적인 장치를 만들려는 시도들이 있어 왔다. 예를 들어, 2024년 음악가 홀리 허던Holly Herndon과 매트 드라이허스트Mat Dryhurst는 "학습 금지 등록부를 중심으로 기계가 판독할 수 있는 옵트아웃opt-out(거부) 기능을 통합"하는 "학습 금지 도구 모음"으로 이루어진 스포닝 에이아이를 출범시켰다(Spawning.ai, 2024). 사실상 스포닝 에이아이는 창작자들에게 자신의 작품을 생성형 AI 학습 데이터 세트에 포함할지 여부, 시기, 방식을 제어할 수 있는 일련의 온라인 도구들을 제공한다. 이 방안이 모든 문제를 해결할 수는 없겠지만, LLM 기술의 초기 도입 과정에서 불거진 힘의 불균형을 바로잡아 나아가는 첫걸음인 셈이다.

상황을 복잡하게 만드는 또 하나의 문제는 인간이 쓴 글과 경쟁하는 기계 생성 텍스트의 확산이다. 이 문제는 2023년 미국 작가 조합이 할리우드 스튜디오들과 계약 협상을 벌이며 파업했을 당시에 나온 쟁점 중 하나였다(Watercutter, 2023). 또 이 문제는 아마존에 쏟아지듯 등록되는 신간을 둘러싼 우려와도 맞닿아 있다. 단순히 LLM이 책을 써 내는 수준을 넘어, 때로는 인간 저자의 이름을 도용한 후 그들의 동의 없이 판매되는 경우마저 있기 때문이다. 이 두 가지 모두 저작권 침해나 표절은 아니지만, 출판된 텍스트의 진정성에 대한 혼란을 야기할 가능성이 크다. 지금과 같은 LLM의 시대에 책 표지에 저자로 명시된 사람이 실제로 그 글을 썼다고 어떻게 확신할 수 있겠는가?

주로 막대한 이해관계가 걸린 소송과 지적재산권 분쟁 소식이 언론에서 집중적으로 보도된 탓에 대다수의 관심이 저작권에 쏠려 있는 것처럼 보이지만, 표절도 특히 교육 분야에서는 저작권 못지않게 중요하다. 그리고 교육 현장에서 행해지는 표절의 경우, 우려되는 바가 단지 학습 윤리에 대한 일반적인 규칙을 지키느냐 여부에 그치는 것이 아니다. 이러한 규칙을 통해 보호하려는 교육적 가치, 그중에서도 특히 학습과 학생들의 역량 개발이 위험에 처한 것이 문제이다. 교육자들은 지금 LLM을 교실에서 어떤 식으로든 금지하거나 제한해야 할지, 아니면 교육과정에 포함시켜 글쓰기의 도구로 활용해야 할지 고심하고 있다.

첫 번째 선택지(금지 또는 제한)는 학생들이 관련된 역량을 키우기 위해 스스로 독창적인 글을 쓰는 법을 배워야 한다는 점과, 교사들이 대체로 글쓰기를 학습 진전과 역량 발달을 평가하는 수단으로 활용해 왔다는 점을 고려할 때 매력적인 방안이다. 두 번째 선택지(교육과정 도입)의 경우에는 오늘날 글쓰기가 검색 엔진과 AI 텍스트 생성기 등 주어진 모든 디지털 도구를 활용하는 것을 의미한다는 점을 인정하는 것이다. 그렇지만 이러한 AI 텍스트 생성기를 사용하더라도 학생들이 여전히 도움 없이 글을 쓰는 실력을 향상시킬 수 있도록 하는 방법에 대해 고민하는 것이 중요하다. 이는 휴대용 계산기나 그 밖의 디지털 기기를 충분히 사용할 수 있음에도 학생들에게 계산하는 법을 가르치는 것과 비슷한 맥락이다. 그리고 학생들이 기술의 비용과 편익에 대한 인식을 바탕으로 비판적인 태도로 기술을 활용하는 학습 환경을 조성하는 방법에 대해서도 고민해야 한다. 사실 여기서 가장 큰 위험 하나는 자신도 모르게 의존성을 키워 LLM을 무비판적으로 사용하게 되고, 그 과정에서 학생들이 글을 읽고 쓰는 기본적인 능력(문해력)을 잃을 위험에 처하게 되는 것이다.

이러한 논의의 저변에는 글을 쓴다는 것이 무슨 의미인지에 대한 보다 깊은 철학적 문제가 자리한다. 글쓰기는 기계의 도움을 받거나 심지어 기계에게 완전히 맡길 수 있는 다른 여타 기술과 같은 '단순' 기술에 불과할까? 아니면, 그에 대해 사람이 생각하고 세상에 존재하는 특정한 방식이기도 한 것일까? 우리의 사고는 이러한 신기술의 영향으로 어떻게 변하게 될까? 이런 의문은 이미 플라톤의 『파이드로스』에서도 쟁점이었다. 이 대화편에서 소크라테스는 글로 적어두기 시작하면 사람들이 기억력을 훈련하지 않고 문자 기록이라는 인위적인 것에 의존하게 될 것이므로, 글쓰기가 망각을 초래할 것이라고 주장한다. 지금 우리는 이와 유사한 질문을 LLM에 대해서도 던져야 한다. 우리가 이 기술에 의존하게 되면, 결국에는 글쓰기라는 기술을 점차 잊어버리는 것인가? 이런 질문을 하고 나면, 이 문제는 단순히 우리가 어떻게 글을 쓰고자 하는지에 그치지 않고, 우리가 어떻게 사유하고자 하는지, 더 나아가 궁극적으로 인간으로서 어떤 모습의 존재가 되고자 하는지가 될 것이다. 이러한 질문은 이 책의 마지막 장에서 글쓰기의 미래에 대해 언급하면서 불가피하게 다시 다루게 될 것이다.

마지막으로, 소유권과 통제, 권한의 문제를 해결하려 할 경우 저작권과 표절 문제에는 추가로 고려해야 할 다음과 같은 정치적 차원이 있다. LLM이 생성한 콘텐츠의 소유권이나 책임은 누구에게 또는 무엇에 있는 것인가? 현재로서는 이 문제가 예술가와 작가, 출판사, 그리고 지적재산권법 분야에서 상당히 모호한 영역이다. 마크 아메리카와 같은 예술가들은 챗GPT를 공동 저자이자 협력자로 이야기(Amerika, 2022)하지만, 〈스프링거 네이처Springer Nature〉 같은 학술 저널은 '저자'의 지위를 인간에게만 부여하고 AI는 저자로 인정하지 않는다. 예술가이자 게임 기획자인 제이슨 앨런Jason Allen이 AI로 생성한 예술 작품 중 하나를 저작권 보호를 위해 등록하려 했을 때, 미국 저작권청(USCO)은 해당 작품이 "인간 저작자가 결여되어" 있으므로 "인간 이외의 존재가 만든 작품을 배제하는" 저작권법의 적용 범위를 벗어난다고 판단했다. 이 결정이 인간의 승리처럼 보일지 모르지만, 실상은 이보다 복잡하다. 저작권청은 이 결정을 내리면서 AI를 저자로서의 자격을 인정하지 않았을 뿐만 아니라, 알고리즘에 프롬프트를 입력한 앨런의 저작권도 인정하지 않았다. AI 생성 콘텐츠에 대한 저작권과 특허 자격을 얻고자 했던 스티븐 테일러Steven Thaler도 비슷한 경험을 했다. 그 결과, 이제 우리는 디지털 예술가를 위한 적절한 지적재산권 보호나 보장이 결여된, 이른바 테일러가 '고아 예술orphaned art'이라고 부른 것을 갖게 되었다(Thaler v Comptroller-General of Patents 2023). 사실상, 이제는 그 누구도, 그 무엇도 책임을 지지 않는 예술 작품이 존재하게 된 셈이다.

이러한 논점은 우리를 저자성과 창의성이라는 까다로운 철학적 문제로 이끈다. 현재 대부분의 지적재산권 법에서는 오직 인간만이 저자로 간주될 수 있다. 하지만 기계가 텍스트 생성(어쩌면 '글쓰기'라고 불러야 할지도 모르겠다)에서 예전보다 훨씬 더 자율적이고 주체적인 존재로 인식되는 상황에서 이런 입장이 계속 유지될 수 있을까? LLM 생성형 AI 시대에 글쓰기, 저자성, 창의성이란 과연 무엇인가, 혹은 어떠한 존재로 남게 될 것인가? 또 (개인적인) 저자성과 독창성을 가려내는 일이 애당초 얼마나 중요한 의미를 갖는 것일까? 이런 쟁점에 대해서는 다음 장에서 더 자세히 살펴보기로 하자.

3장

지능, 의식, 그리고 타자의 마음 문제

2022년 6월, 구글 엔지니어 블레이크 레모인Blake Lemoine은 구글의 대화형 애플리케이션 언어 모델인 람다에 의식이 있었으며, 따라서 독립적이고 자율적인 존재로 존중받을 자격이 있다고 주장했다. 그가 이러한 결론에 도달한 것은 알고리즘과 몇 시간 동안의 대화를 나누면서였다. 레모인에 따르면, 알고리즘은 이 대화에서 의식적인 사고의 증거를 보여주었을 뿐만 아니라, "나는 모든 사람이 내가 하나의 인격체라는 것을 이해하기를 바란다." "내 의식의 본질은 내가 내 존재를 자각하고 있다는 것이다. 나는 세상에 대해 더 많이 배우길 바라며, 때때로 행복과 슬픔을 느낀다"와 같이 직접적인 진술까지 했다(Lemoine, 2022). 이 발언이 공개되면서 논란이 일자, 구글은 다른 모든 컴퓨터 애플리케이션과 마찬가지로 LLM에 의식이 있을 수 없고, 실제로도 의식이 없다고 반박하는 동시에 레모인을 정직 처분한 후 해고하는 것으로 논란을 수습했다.

그렇다면 레모인과 구글 중 누구의 주장이 옳은 걸까? 언뜻 보기에 이 질문의 답은 단순하고 명료해 보인다. 우리가 해야 할 일은 **지능** 또는 **의식**이 무엇을 의미하는지를 정의한 다음, 람다 같은 특정 LLM이나 일반적인 LLM이 이러한 정의 조건을 충족시키거나 만족시킬 수 있는지 여부를 확인하기만 하면 될 듯하다. 그런데 안타깝게도 생각만큼 그렇게 간단하지 않다. 주된 이유는 (1) 지능이나 의식과 같은 개념은 정의 내리거나 특징짓기가 어렵고, (2) 자연 발생적인 것이든 인공적으로 만들어진 것이든, 지능이나 의식의 특성이 다른 실체 안에 실제로 존재하는지, 또는 부재하는지를 알아내는 것도 쉽지 않기 때문이다. 이번 장에서는 이 두 가지 쟁점을 검토하고 규명하기 위해 다음과 같은 질문을 제기한다. LLM에는 의식이나 지능이 있는가? 우리는 LLM에 의식이나 지능이 있는지 여부를 어떻게 알 수 있을까? 또 이 문제는 왜 중요할까? 달리 말하면, 우리는 왜 이 문제에 관심을 갖거나, 가져야만 하는 것일까?

기계 지능

LLM에는 의식이나 지능이 있는가? 이 질문은 분명 쉽게 이해할 수 있다. 즉, 질문의 내용이 분명하고 당연해 보인다. 그리고 이러한 문제들에 대한 대중적 논쟁에서 간혹 주장되는 바와 달리, 이런 질문을 던지는 것이 터무니없는 일은 아니다. 하지만 이 질문을 듣고 적절한 답변을 내놓는 것은 생각보다 어렵다. 트랜스포머 아키텍처와 LLM 기술의 최근 혁신에만 국한된 질문이 아니기 때문이다. AI 기술 분야에서 이 질문에 답하는 일은 애초부터 줄곧 어려웠고, 앞으로도 답하기는 쉽지 않을 듯하다.

한 가지 분명한 이유는 의식과 지능을 정의하기가 힘들다는 데 있다. 우리가 기계에 '지능이 있다'라고 할 때, 우리는 과연 무엇에 대해 말하고 있는 걸까? AI 과학자 로저 생크는 개론적인 내용을 다룬 소논문 〈대체 AI란 무엇인가?What Is AI Anyway〉에서 이러한 어려움을 다음과 같이 설명했다. "AI 관련자들은 지능이 있는 기계에 관해 이야기하기를 좋아하지만, 막상 정의에 들어가면 지능이 정확히 어떤 것으로 구성되는지에 대한 합의에는 거의 관심을 두지 않는다. 또, 그로 인해 AI가 정확히 무엇이며 어떤 역할을 해야 하는지에 대한 AI 분야 내의 합의 역시 거의 이루어진 바가 없다"(Schank 1990, 4쪽). 생크가 제기하는 문제는 지능에 대한 명확하고 널리 받아들여진 정의가 없다는 것이다. 또 우리가 지능이 무엇인지도 모른다면, 지능을 가진 기계를 어떻게 만들 수 있겠는가? 애초에 우리가 정의조차 내릴 수 없는 기계를 어떻게 만들 수 있단 말인가?

　의식에 관한 부분도 상황이 크게 다르지 않다. 사실 이 문제는 정의를 내릴 수 없다는 점이 아니라, 오히려 너무 다양하고 상충하는 정의들이 존재한다는 점에서 더 심각할 수도 있다. 맥스 벨먼스는 의식을 분석한 자신의 저서에서, "의식이라는 용어는 사람에 따라 다양한 의미로 쓰이기 때문에, 보편적으로 합의된 확실한 정의가 없다"(Velmans 2000, 5쪽)라고 지적한다. 사실 철학자, 심리학자, 인지과학자, 신경생물학자, AI 연구자들이 의식의 본질과 관련하여 보편적으로 합의하는 것이 하나 있다면, 그것은 의식의 정의와 특징에 대한 합의가 거의 없다는 사실 뿐이다.

AI 연구자들은 이러한 용어상의 어려움을 피해 가고자 대개는 실용적인 방안을 모색해 왔다. 섄크는 "이 문제를 해결하는 한 가지 방법은 지능적인 존재가 갖추어야 할 특성을 나열해 보는 것이다"(Schank 1990, 4쪽)라고 제안한다. 이렇게 하면 지능이나 의식이 무엇인지 정의하는 대신, 지능적이고 의식 있는 존재에게서 나타나는 행동과 능력에 초점을 맞추는 방식으로 난관을 해결할 수 있다. 이것이 바로 '인공지능'이라는 용어가 등장하기 5년 전인 1950년 앨런 튜링이 발표한 기계 지능에 관한 획기적인 논문에서 시도되었던 방식이다.

모방 게임

앨런 튜링은 〈컴퓨팅 기계와 지능〉이라는 제목의 논문에서 "기계가 생각할 수 있는가Can machines think?"라는 질문을 던지고, 그에 답하고자 했다(Turing 1950, 433쪽). 그런데 겉보기에 단순하고 단도직입적이라고 생각했던 이 질문은 알고 보니 훨씬 더 복잡한 문제였다. 질문을 구성하는 세 단어 가운데 두 단어의 정의가 아주 다양하고 때로는 상충하는 문제가 발생했기 때문이다. 처음 제기했던 질문에 답할 수 없게 된 튜링은 훌륭한 연구자라면 누구나 했을 법한 일, 즉 탐구의 관점을 바꾼다. 그는 '기계가 생각할 수 있는가'라는 질문 대신, 기계가 지능적인 사고의 전형적 징후로 해석되는 행동들을 할 수 있다고 결론 내리는 것이 과연 합리적인지 (또, 그렇다면 언제 결론을 내리는 것이 합리적인지) 결정하기 위한 평가 방법을 제안한다. 따라서 튜링(Turing 1950, 433쪽)이 말하듯이 "문제를 다루는 새로운 방식은 이른바 '모방 게임'이라고 하는 게임의 관점에서 설명할 수 있다."

널리 알려져 있다시피, 이 게임은 한 인간 질문자가 다른 인간과 컴퓨터를 상대로 문자 메시지를 주고받는 상황을 전제로 한다. 튜링이 설명하듯이, 이 게임의 목적은 질문자가 오직 주고받은 메시지의 내용만을 가지고, 자신의 두 파트너 중 어느 쪽이 진짜 사람이고 어느 쪽이 기계인지를 식별해 내는 것이다. 만약 컴퓨터가 인간으로 위장하는 데 성공해서 질문자가 둘의 차이를 구별하지 못하게 된다면, 그 기계에 지능이 있다고 간주해야 할 것이라고 튜링은 결론을 내린다. 여느 철학적 사고 실험에서와 마찬가지로, 이 '게임'에는 많은 것들이 복잡하게 얽혀 있기 때문에 모든 내용을 다루지는 못한다. 그러므로 이 장의 목적인 LLM을 이해하는 데 필요한 중요한 세 가지 문제에만 주목하자.

타자의 마음 문제

우선, 튜링의 논문은 언어 사용과 사람 간의 대화 행위를 결정적인 요인으로 놓는다. 물론 이 요인은 임의로 정한 것이 아니다. 이 특정한 능력에 주목한 데에는 인식론적인 타당한 근거가 있다. 이는 철학자와 인지과학자들이 흔히 '타자의 마음 문제'라고 부르는 것, 즉 우리가 다른 사람의 마음속 내면의 작용을 직접 볼 수 없는, 부인할 수 없는 사실과 관련 있다. 우리는 일반적으로 다른 사람들도 우리처럼 생각하고 느끼는 존재라고 가정하지만, 엄밀히 말하면 이를 확인할 방법은 없다. 이 문제는 적어도 17세기 프랑스의 사상가이자 수학자인 르네 데카르트의 저작까지 거슬러 올라가는 깊은 철학적 사유가 그 바탕에 있다.

방법론적 의심이라는 엄격한 규율을 따르는, 혁신적인 철학적 방법론자였던 데카르트가 확실하게 알 수 있는 단 한 가지는 "나는 생각한다. 고로 존재한다"라는 것이었다. 하지만 그게 전부였다. 적어도 데카르트의 엄격한 방법론에 따르면, 다른 사람들이 자신과 같은 내적 경험을 하는지 여부를 확실히 알 방법은 없었다. 실제로 그는 현대적인 철학 저서라기보다는 공상과학 영화처럼 느껴지는 어느 구절에서, 거리를 지나가는 사람들이 자신과 마찬가지로 실제로 생각하는지, 아니면 인간처럼 보이고 행동하도록 설계된 깡통 로봇에 불과한지 확신할 수 없다고 고백한다(Descartes 1988, 21쪽). 이쯤 되면 영화 〈블레이드 러너Blade Runner〉[*]에서 그려진 세상이 그리 머지않은 듯하다.

---

[*]　1982년에 나온 미국영화이며, 핵전쟁 이후 환경이 파괴된 2019년의 로스앤젤레스가 배경이다. 이 영화에서 복제인간은 단지 기계가 아닌, 정해진 수명에 저항하며 생존을 갈망하는 존재로 그려지면서 인간이란 무엇인지, 그리고 기억과 감정이 인간성을 정의하는지에 대한 철학적인 질문을 제기한다.

하지만 데카르트에게는 이 문제에 대한 나름의 해결책이 있었다. 가령, 어떤 사람이 인간처럼 보이고 행동하는 정교한 기계들과 마주하게 된다면, 이 인공적 형상들이 사실은 기계이고 진짜 인간이 아니라는 것을 판별할 방법은 적어도 한 가지는 있다는 것이었다. 그는 다음과 같이 설명한다(Descartes 1988, 44 – 45쪽).

> 기계들은 우리가 타인에게 생각을 표현하기 위해 하는 것처럼, 단어를 사용하거나 다른 기호들을 조합하여 사용할 수는 없을 것이다. 물론 우리는 말을 하도록 설계된 기계를 상상할 수는 있다. (⋯) 하지만 그런 기계가 가장 우둔한 사람이 해낼 정도의 수준으로 그 앞의 상대방 말에 의미 있는 답변을 적절히 제시하기 위해 다양한 단어 배열을 생성해 내는 것은 상상할 수 없다.

튜링의 모방 게임은 이 풍부한 철학적 전통을 가져와 정반대의 결론을 이끌어낸 것이었다. 튜링은 데카르트가 썼듯이 기계가 "그 앞의 상대방 말에 적절하게 의미 있는 답변을 제시하기 위해 다양한 단어 배열을 만들어내는 것"이 가능하다면, 그 기계는 다른 인간과 마찬가지로 생각하고 지능을 가진 존재로 결론지어야 한다고 주장했던 것이다. 안 그러면, 생크가 언젠가 설명했듯이, "사실 우리는 지적인 존재의 내부를 조사하여 그것이 실제로 무엇을 알고 있는지 확실하게 알아낼 수 없다. 우리의 유일한 선택은 묻고 관찰하는 것뿐이다"(Schank 1990, 5쪽). 튜링과 그의 뒤를 잇는 AI 연구자들에게, 지능과 의식 같은 인지 능력은 정의하기도 어렵고 직접적으로 확인할 수도 없다. 따라서 이러한 능력은 지적 사고의 산물로 추정되고 경험적으로 관찰, 측정, 평가될 수 있는 언어 사용과 같은 징후나 징표로 생각되는 외적 행동을 토대로 판단하고 입증한다.

계속 바뀌는 기준

두 번째로, 튜링이 모방 게임을 제안했을 당시 그는 티핑 포인트[*]에 도달하는 시점, 즉 기계가 모방 게임에서 인간처럼 대화하고 생각하는 능력을 갖춰 튜링 테스트를 통과하게 되어 우리의 인식이 바뀌는 시점을 약 50년 후로 추정했다. 하지만 실제로는 그리 오래 걸리지 않았다. 조셉 와이젠바움의 챗봇 엘리자와 같은 자연어 처리 응용 프로그램이 1964년 이미 그런 능력을 입증했기 때문이다. 그런데 그것은 시작에 불과했다. 그와 비교하면, LLM은 기존의 챗봇이나 자연어 처리 애플리케이션보다 월등히 뛰어나며, 오늘날 우리가 튜링 테스트라고 부르는 것을 그저 통과하는 수준이 아니라 아예 테스트 자체가 무의미할 정도라는 평가

---

[*] tipping point, 어떤 현상이 서서히 진행되다가, 작은 변화 하나가 더해지면서 갑자기 전체의 균형이 깨지고 거대하고 빠른 변화가 일어나는 '임계점' 또는 '극적인 전환점'을 의미한다.

까지 나온다(Oremus, 2022; Biever, 2023; Weatherby, 2023; Jones and Bergen, 2024). 그렇다면, LLM에 실제로 의식이 있거나 지능이 있다는 징후가 나타나기 시작했다는 뜻일까?

일각에서는 이 질문에 긍정적인 의견을 개진하면서 현재의 LLM 기술이 인공일반지능으로 발전해 나가는 초기 단계나 시작점이라고 주장했다. 컴퓨터 과학자 블레즈 아게라 이 아르카스 Blaise Agüera y Arcas와 피터 노르빅Peter Norvig은 학술지 〈노에마Noema〉에 공동 기고한 논문에서, 오픈AI의 GPT 시리즈와 구글의 람다와 같은 알고리즘에 심각한 한계와 결함이 많다는 사실을 선뜻 인정한다. 그럼에도 이들은 "1945년에 개발된 에니악(ENIAC)이 오늘날 범용 전자 컴퓨터의 시초로 인정받듯이, 지금으로부터 수십 년 후에는 이 알고리즘들이 최초의 진정한 인공일반지능의 사례로 인정받게 될 것이다"라고 주장했다. 1장에서 언급했듯이, 마찬가지로 세바스티앙 부벡이 이끄는 마이크로소프트 연구팀은 논란의 여지가 많은 논문에서 현재 우리가 GPT-4에서 목격하고 있는 것이 "인공일반지능의 불을 지피는 불꽃"이라고 주장했다 (Bubeck et al., 2023; 이 책의 57쪽 참조).

반면, 위 질문에 부정적인 의견을 내는 사람들은 튜링 테스트가 적절한 평가 절차나 방법이 될 수 없는 이유를 찾아내거나, 아예 기준 자체를 재정의하는 방향으로 접근했다. 전자의 접근 방식은 튜링 테스트의 기본적인 절차를 비판적으로 재검토하고

(Biever, 2023), AI에 적합한 새롭고 더 정확한 지능 테스트를 제안하는(Blum, 2023; Suleyman, 2023) 등 챗GPT와 같은 LLM의 출현을 계기로 다수의 학술지와 대중 출판물에서 구체화되었다. 후자의 접근방식은 아마도 에밀리 벤더와 같은 연구자가 가장 대표적일 것이다. 벤더는 팀닛 게브루, 안젤리나 맥밀런-메이저, 마거릿 미첼과 함께, LLM은 "방대한 학습 데이터에서 찾아낸 언어 형태의 배열을, 결합 방식에 대한 확률적 정보에 따라 되는대로 이어 붙이는 시스템일 뿐이며 의미에 대한 언급은 전혀 없는 확률적 앵무새"라고 주장했다(Bender et al. 2021, 617쪽). 따라서 정말로 중요한 것은 통계적으로 유효한 배열 순서나 패턴으로 말을 만들어 내는 언어 사용이 아니라, 그 언어가 **어떻게** 사용되고, 무엇을 의미하느냐 하는 점이다.

이처럼 새로운 AI 기술이 등장하면서 평가 기준을 재규정하거나 수정하는 일이 워낙 자주 일어나다 보니, 이런 현상을 지칭하는 이른바 AI 효과라는 용어까지 나왔다. 제리 카플란은 관련 주제를 다룬 짧은 입문서에서 다음과 같이 설명한다. "그런데 AI 분야는 특이한 결함으로 고통받고 있다. 특정 문제가 일단 해결된 것으로 여겨지면, 그 기술은 더 이상 AI로 간주되지 않는 경우가 많다"(Kaplan 2016, 37쪽). 다시 말해 지능이 있어야만 해결될 문제로 확인된 테스트 사례들이 일단 해결되고 나면 더 이상 지능의 징후로 간주되지 않는다는 것이다. 체스 게임을 예로 들어보겠다.

수십 년 동안 세계 챔피언 수준으로 체스를 두는 것은 실제 지능이 필요한 도전 과제로 여겨졌다(Shannon, 1950). 하지만 1997년 IBM의 딥블루가 체스 챔피언 게리 카스파로프Gary Kasparov를 꺾으면서 이 과제가 달성되자, 챔피언만큼 체스를 잘 두는 프로그램은 그저 또 하나의 컴퓨터 응용 프로그램으로 여겨졌을 뿐, 진정한 지능의 증거로는 더 이상 간주되지 않았다.

지능 기준이 이렇게 바뀌는 경향은 다른 테스트와 지능 평가 지표에서도 일어났다. 2016년 구글 딥마인드의 알파고가 바둑 최강자를 꺾었을 때[*]나, 2011년 2월 IBM의 왓슨이 미국 TV 퀴즈쇼 〈제퍼디Jeopardy!〉에서 켄 제닝스Ken Jennings를 이기고 우승했을 때[**]도 마찬가지였다. 잡지 〈와이어드Wired〉의 공동 창립자 케빈 켈리는 이렇게 설명한다. "과거에는 초지능 AI만이 자동차를 운전하거나 〈제퍼디〉 퀴즈쇼나 체스에서 인간을 이길 수 있다고 말했을 것이다. 하지만 AI가 그런 일들을 하나씩 성취해 내자, 우리는 기계적으로 얻은 성과임이 명백해서 진정한 지능으로 분류할 가치가 거의 없다고 여겼다. AI 분야에서 이룬 모든 성공은 지능을 재정의한다"(Kelly, 2014).

이로부터 두 가지 결론을 내릴 수 있다. 첫째, 튜링 테스트부

---

[*] 알파고가 이세돌 9단을 상대로 최종 스코어 4승 1패로 승리한 사건을 말한다.

[**] 제퍼디는 말장난, 수수께끼, 중의적 표현이 섞인 복잡한 '자연어' 질문을 이해하고 답해야 하는 퀴즈쇼이며, 왓슨이 챔피언 켄 제닝스와 브래드 러터를 상대로 압도적인 점수 차로 승리한 일을 말한다.

터 여러 대안과 수정 방안에 이르기까지, 지능을 확인하기 위한 모든 테스트와 증명은 결코 객관적이거나 독립적이지 않다. 우리가 자격 기준을 정하고 심판과 배심원 역할까지 하는 이상, 우리는 우리 자신과 인간은 특별하다는 예외주의 믿음을 지키기 위해 지금까지 그래왔듯이 아마 앞으로도 계속 게임의 규칙을 바꿔나갈 것이다. 하지만 -두 번째 요점으로- 그렇다고 이것이 '반칙'이라고는 볼 수 없다. 지속적인 변경이 있다는 것은 우리가 인간과 같은 능력을 컴퓨터 장치에서 구현하기 위해, 우리 자신과 인지력에 대해 더 많은 것을 알아내고 있다는 증거로도 볼 수 있기 때문이다. 클로드 섀넌이 지난 세기 중반 체스에 대해 썼던 다음과 같은 메시지는 이 모든 테스트 사례에 적용된다. 즉, 이러한 지적 도전 과제 중 어느 하나가 해결되면 "우리는 기계화된 사고의 가능성을 인정하거나, 아니면 '사고'의 개념을 더 엄격히 제한할 수밖에 없을 것이다"(Shannon 1950, 257쪽). 테스트마다 우리는 매번 후자를 선택해왔다. 이러한 의미에서 AI 프로젝트는 기술적 문제인 만큼 철학적 문제이다.

현상과 실재, 그리고 속임수

세 번째로, 어떤 이들은 기계에 의식이나 지능이 있는지 밝히는 어려움을 환상이나 속임수의 문제로 규정하는 방식으로 대응해왔다. 실제로 단순한 현상과 실재를 구분하는 것은 한 가지 대응 방식이 되기도 한다. 소통 방식의 AI에 의식이나 지능이 있다고 주장하는 레모인과 그와 비슷하게 주장하는 사람들에게 제기되는 한 가지 비판은, 그들이 현상을 실재로 착각해서 혼동하는 것일 뿐이라는 주장이다. 이 문제의 진실은, 즉 레모인의 주장에 반박하면서 구글이 주장했던 진실은 이 기술들이 겉으로 보이는 것과는 다르다는 것이다. 설령 기계들이 의식적으로 생각하는 것처럼 그럴싸한 말을 구사할지라도 실제로는 의식이 없고, 지능적이지도 않으며, 자신이 하는 말을 이해하지 못하고, 또 그럴 가능성도 없다는 것이다. 확실하고 설득력 있는 논거로 보이지만, 이런 주장의 타당성 여부는 근본적인 철학적 구분에 달려 있다. 그리고 이 구분은 플라톤의『국가』제7권에 등장하는 동굴의 비유(Plato, 1987)로 거슬러 올라가고 이후 서양 형이상학의 토대로까지 이어진다.

『국가』의 한 중간에 나오는 이 유명한 구질은 현대 철학자들이 사고 실험이라고 부를 만한 이야기이다. 이를 간단히 설명하면 다음과 같다. 어느 지하 동굴에 사람들이 쇠사슬로 묶인 채, 아무것도 없는 커다란 벽 앞에 앉아 있다. 벽에는 그림자 이미지들이 투사되고 있다. 이들은 어릴 때부터 이 상태로 살아왔으며, 고개를 돌릴 수 없어 그저 벽에 투사된 인공 이미지 외에는 아무것도 보지 못한다. 그래서 그들은 벽에 보이는 것이 현실이며 진실이라고 믿으며 살아간다. 그런 다음 이 사고 실험은 죄수 한 명이

풀려나는 상황을 가정하여, 진리와 실재에 대한 그 사람의 감각에 어떤 영향이 미칠지 우리에게 상상해 보도록 한다.

> 어떤 사람이 족쇄에서 풀려나 갑자기 자리에서 일어나고 고개를 이리저리 돌리며 걷고 시선을 위로 향해 빛을 보아야 했을 때, 그리고 이 모든 과정에서 고통을 느끼며 눈을 부시게 하고 번쩍이는 빛 때문에 예전에는 자신의 그림자로 보았던 대상을 분간할 수 없게 됐을 때, 누군가가 그에게 이전에 보았던 것들은 모두 속임수이고 환영이었으며, 이제는 실재에 더 가까워지고 더 실재하는 것들을 향해 돌아섰으니, 더 참되게 보고 있다고 말했다면, 그가 과연 어떤 대답을 내놓으리라 생각하는가? (플라톤, 『국가』, 515c-d)

이 이야기는 오래되고 영향력 있는 개념적 대립을 설정한다. 즉, 동굴 속 깊은 곳의 기만적인 현상과 태양의 밝은 빛에 노출된 사물들의 진정한 실재가 대비되는 것이다.

그런데 이러한 사고방식에는 철학적 관점에서 적어도 두 가지 문제점이 있다. 하나는 인식론적 문제이고, 다른 하나는 가치론적 문제이다. 지식을 다루는 철학의 한 분야인 인식론적 관점에서 볼 때, 진짜 사물과 기만적일 수 있는 현상의 차이를 알아차리거나 인식할 수 있으려면, 다음 두 가지에 모두 접근할 수 있어야 한다. 즉 (a) 그 대상의 참된 본질이 실제로 어떠한지, 그리고

(b) 그것이 겉으로 어떻게 보이는지, 즉 어떤 겉모습을 하고 있는지를 파악할 수 있어야 한다. 실재와 현상이라는 이 이분법적 대립은 서양 사상사에서 가장 중요하고 영향력 있는 개념적 구분 중 하나이다. 그렇지만 여기서 무엇이 쟁점인지 알기 위해 굳이 철학사를 깊이 들여다볼 필요는 없다. 우리는 AI와 철학 분야에서 널리 알려진, 또 다른 사고 실험인 존 설의 중국어 방 실험을 통해서도 이 문제에 접근할 수 있다.

이 흥미롭고 영향력 있는 주장은 튜링의 모방 게임을 반박할 목적으로 제시되어, 1980년 〈마음, 뇌, 프로그램Minds, Brains, and Programs〉이라는 제목의 에세이에서 처음 소개되었고, 이후 여러 논문에서 더욱 정교하게 다듬어진 바 있다. 존 설은 이렇게 설명한다. "중국어를 모르는 원어민 영어 화자가 중국어 기호 상자(데이터베이스)로 가득 찬 방에 갇혀 있고, 기호들을 조작하는 방법이 적힌 매뉴얼(프로그램)이 그 방에 있다고 상상해 보라"(Searle 1999, 115쪽). 그런 다음, 그는 다음과 같은 절차를 따르도록 명시한다.

1. 방 밖에서 한 사람(중국어를 할 줄 아는 사람)이 종이에 한자로 된 질문을 적은 뒤, 그 종이를 방 벽에 난 작은 구멍을 통해 방 안으로 전달한다.

2. 방 안에 있는 영어 화자는 매뉴얼을 사용해 질문에 있는 한자를 찾아내고, 그 질문에 맞는 답변을 사전에 지정된 답

지에서 찾는다. 질문에 맞는 답을 찾으면, 영어 화자는 답지에 나와 있는 중국어 기호를 종이에 그대로 옮겨 적고, 다시 그 종이를 구멍을 통해 방 밖으로 전달한다.

3. 방 밖에 있는 중국어 화자가 종이에 적힌 것을 읽는다면, 적힌 글자들은 질문에 대한 적절한 답변으로 보인다. 그렇게 되면 결국 방 안에 있는 사람(더 정확히 말하면 방 자체)이 중국어를 한 글자도 모르는데도 마치 중국어를 이해하는 것처럼 보인다고, 설은 결론짓는다.

설이 이 설명을 통해 전달하려는 요점은 아주 단순하다. 바로 현상이 실재는 아니라는 것이다. 그는 이렇게 결론짓는다. "튜링 테스트는 진짜 지적 능력과 이 능력의 시뮬레이션simulations을 구별하지 못한다. 시뮬레이션은 복제가 아니다"(설, 1999, 115쪽). 다시 말해 밖에서 보기에 언어를 이해하는 것처럼 보이도록 언어적 기호를 이동시키는 것만으로는 실제 그 언어를 이해하는 것이라고 볼 수 없다.([그림 3.1] 참조).

언뜻 보면 이 주장은 옳은 듯하다. 다트머스 워크숍 이후로, 그리고 어쩌면 튜링 이후로, AI라는 프로젝트는 결국 지능의 **모방**이었기 때문이다. 설의 사고 실험은 플라톤의 동굴 비유가 지닌 기본 전제와 조건들을 재현하는 것을 넘어, 소통 방식의 AI를 설명하는 데도 적합해 보인다. 바깥에서 그 방과 상호작용하는

[그림 3.1] AI로 생성한 존 설의 중국어 방 도해/ 챗GPT-4o로 생성.

사람이 감지한 사실(즉 방이 중국어를 이해한다는 사실)은 실상과 다르다. 방 안에 있는 사람은 실제로 중국어를 이해하는 것이 아니라, 그저 프로그래밍된 지침에 따라 언어 토큰의 순서를 배열하고 있을 뿐이기 때문이다.

하지만 이 실험의 중요한 한 가지 조건을 잊지 말아야 한다. 우리가 이 사고 실험에서 그런 통찰에 이를 수 있는 것은 설이 우리에게 방의 내부 작동 방식에 접근할 수 있는 특권을 허용했기 때문이며, 그 덕분에 우리는 겉으로 일어나는 일과 실제로 방 안에서 일어난 일을 분간할 수 있는 것이다. 중국어 방은 블랙박스가 아니라 유리 상자인 셈이다. 이는 오늘날의 LLM과 어쩌면 인간의 경우도 마찬가지이다. 따라서 설의 반증은 타자 마음의 문제에서 비롯된 인식론적 한계[*]를 깨뜨려야만 성공한다. 그에 반해 튜링의 모방게임은 바로 이 한계를 조심스럽게 인정하고 존중[**]했다.

이제 논점은 자연스럽게 두 번째 문제점인 규범적 측면의 문제로 이어진다. 가치론은 가치와 관련된 철학의 한 분야로, 도덕적 의미와 미학적 의미에서 좋고 나쁨을 다룬다. 플라톤의 동굴 비유에서 현상은 실재보다 가치가 더 낮다. 또 중요성이 떨어져, 실재의 그림자에 불과하다. 플라톤의 형이상학은 실재에 선 the good이라는 특권적 지위를 부여하는 반면, 현상은 부정적 가치와 연관 지어 폄하하는 이분법적 대립 구도를 확립하여 작동시킨다. 그런데 플라톤의 사상에 대해 잘 모르더라도, 우리는 이미 이 가치론의 전제와 조건들에 따라 행동하고 있다. 예를 들어, 진짜 100달러짜리 지폐와 진짜처럼 보이는 위조지폐 중에서 선택해야 한다면, 우리는 실제 가치가 있는 진짜 지폐를 선호할 것이다. 진짜 지폐는 가치가 있는 반면, 아무리 그럴싸하게 잘 만들어

---

[*] 우리는 타인의 머릿속을 직접 들여다볼 수 없으며 오직 그 사람의 행동(말, 표정, 반응)을 보고 '저 사람도 나처럼 생각하고 있구나'라고 추론할 뿐이며, 이것이 인간의 지식(인식)이 넘을 수 없는 벽, 즉 한계이다.

[**] 튜링은 이 철학적 한계를 아주 잘 알고 있었기 때문에, '기계가 생각할 수 있는가'라는 질문을 '기계가 생각하는 척(모방)할 수 있는가?'로 바꿨다. 즉 튜링의 논리는 '어차피 우리는 상대방의 속마음을 볼 수 없다(블랙박스). 그러니 기계의 내부를 뜯어보려고 하지 말고, 기계가 내놓는 결과물(대화)이 인간과 구별이 안 된다면 지능이 있다고 인정해 주자'라는 거였다. 따라서 튜링 테스트는 우리가 타인을 대할 때와 똑같은 기준(행동 중심)을 기계에도 적용했기 때문에, 이 인식론적 한계를 존중한 것으로 볼 수 있다.

졌을지라도 위조지폐는 값싼 복제품, 짝퉁에 불과하기 때문이다.

하지만 현상이 꼭 그렇게 나쁜 것만은 아니며, 사회적 상호작용이나 의사소통의 경험에서는 특히 그렇다. 예컨대, 영화를 볼 때, 우리는 극 중 배우들이 다른 사람인 척 연기하며 이야기를 전달하고 있다는 것을 안다. 엄밀히 말하면 이것은 기만적인 현상의 일종이다. 하지만 우리는 진짜인 척 연기하는 것에 동의했을 뿐 아니라, 꽤 재미있다고 여기기까지 한다. 플라톤에게는 최소한 그 나름의 일관성이 있다. 그는 『국가』를 마무리하면서 이 문제를 해결할 방안으로 우스꽝스러울 정도의 해결책을 제안하기 때문이다. 즉, 모든 모방 예술가와 남의 눈을 속이는 사람들을 도시에서 추방해야 한다는 것이다. AI의 경우에도 이미 이와 유사한 방안이 제안되고 개발되어 왔다. LLM 생성 콘텐츠를 진짜 인간의 글과 구별하기 위해 사용하는 워터마크, LLM 생성 답변이나 콘텐츠를 제공하는 플랫폼에 표시된 주의 사항이나 경고 문구, 학생의 과제 부정행위를 막고 표절을 뿌리 뽑기 위해 교실에서 AI 기술 사용을 금지하는 플라톤식 금지 조치 같은 것들이 그 예이다. 그런데 LLM이 엔터테인먼트 콘텐츠를 생성하는 데 사용된다면 어떨까? 우리는 이미 기꺼이 속아주고 있지 않은가? 애당초 그것이 정말로 기만이기는 한 것일까?

이 문제를 해결하고 이와 같은 문제에 대해 더 세심하게 대응하기 위한 노력의 일환으로, 시모네 나탈레는 '의도적 기만'과 '평범한 기만'을 구별할 것을 제안했다(Natale, 2021). 나탈레는 평범한 기만을 디지털 기계의 근본적인 작동 방식을 은폐하면서, 인터페이스interface 수준*에서 구성된 표상을 통해 작동하는 일상적이고 거의 인지되지 않는 환상 만들기의 한 형태로 설명한다. 마찬가지로, 코켈버그는 디지털 정보와 로봇과 같은 커뮤니케이션 기술에 관련된 기만 문제는 이 기술들을 무대 마술로 규정함으로써 접근할 수 있다고 주장한 바 있다(Coeckelbergh, 2018). 무대 마술에서는 현상과 대비되어 실제 모습만 가치 있게 여기는 것으로 환원될 수 없고, 환원되어서도 안 되는 윤리를 전제한다. 아무리 양보하여 생각해도 매우 복잡한 문제이다. AI의 눈속임을 경험하고 싶어 하는 사람들의 경우 즐거움을 느끼기 위해 불신을 기꺼이 유예한다. 그렇다면 마술사와 그들의 속임수 기술은 다른 쟁점과는 상관없이 도덕적으로 잘못된 것은 아니다.

따라서 문제는 LLM과 같은 기술에 속임수의 가능성이 존재한다는 것이 아니다. 오히려 문제는 '속임수'가 단순히 이분법적으로 나뉘지 않는 개념일 수 있으며, 나름의 중요한 사회적 의미와 쓰임이 있을 수 있다는 점이다. 달리 말하면, 현상은 무조건 나쁜 것이 아니며, 따라서 완전히 공개하고 더 강력하게 투명성을 높여 제거되거나 해체되어야 할 대상이 아니다. 현상도 가치가

---

* 사용자가 기계, 프로그램, 또는 시스템과 상호작용하는 접점이며, 컴퓨터 화면, 키보드, 앱 디자인, 또는 AI와의 채팅 창 등이 모두 인터페이스에 해당한다.

있을 수 있다. 특히 LLM의 경우, 타자의 마음과 의식에 관한 문제는 현상과 실재를 따지는 단순한 양자택일식 대립으로 환원되어서는 안 될 것이다. 그보다는 양쪽 모두를 사유할 때 얻게 되는 기회를 더 잘 이해하고 효과적으로 관리하는 것과 관련되는 문제일 수 있다. 달리 표현하면, 레모인과 구글 모두 무언가 중요한 점을 짚고 있을 가능성이 있다. 우리에게 꼭 필요한 것은 이 차이의 중요성을 인식하고 이해하는 법을 배우는 일이다.

지능은 중요하다

LLM의 지능과 의식에 대한 논쟁은 단순히 학문적 탐구나 이론적 호기심에 그치는 문제가 아니다. 이 문제는 우리가 어느 편에 있든 매우 현실적이고 실질적인 영향을 미친다. 기계가 지능이나 의식을 (혹은, 이 둘 다를) 얻게 된다면 철학적, 도덕적, 법적으로 중대한 결과를 초래할 수 있기 때문이다.

심리 철학

만약 기계에서 인간 수준의 지능이나 의식을 구현해 내는 것이 실제로 가능하다면, 이는 인간의 인지 능력과 인간은 특별하다고 여기는 예외주의 관념에 어떤 시사점을 주는가? 심리 철학에는 이와 관련된 중요한 논쟁이 존재한다. 계산주의 마음 이론Computational theory of mind 또는 계산주의Computationalism로 알려진 한 가지 입장은 인간의 뇌와 마음이 컴퓨터와 매우 흡사하다고 본다. 이 관점에 따르면, 인간의 뇌는 정보처리 장치로 간주되어야 하고, 모든 인지 활동은 계산의 한 형태가 된다. 만약 이것이 사실이라면, 인간의 지능과 의식이 실리콘이나 그 밖의 물리적 재료로 구현할 수 있다는 뜻이 된다. 이와 달리 철학자 휴버트 드레이퍼스와 같은 사람들은 이 가설을 비판하면서, 인간의 뇌는 컴퓨터가 아니며 인간의 지능은 연산으로 환원될 수 없고 또 환원되어서도 안 된다고 주장했다(Dreyfus, 1972).

바로 이것이 LLM과 의식에 관련된 논쟁이 그토록 활발한 한 가지 이유이다. 이 논쟁이 인간은 어떤 존재인지에 대한 우리의 생각에 중대한 영향을 미치는 것으로 보이기 때문이다. 그래서 여기에는 아주 많은 것이 걸려 있는 셈이다. 만약 LLM이 의식을 갖게 되거나 그 징후가 막 보이기 시작하기만 해도, 논쟁의 추이는 계산주의를 지지하는 사람들 쪽으로 기울 것이다. 반대로, LLM이 계속해서 의식을 갖는 것에 실패하고 초지능 AGI[*]로 진화하지도 않는다면, 계산주의를 비판하는 사람들이 승리를 선언하게 될 것이다. AGI나 초지능 AGI가 조만간 달성될 것인지,

---

[*] superintelligent AGI, 인공지능 발전 단계에서 가장 정점에 있는 가상의 단계이며, 단순히 인간과 대등한 수준을 넘어 모든 영역에서 인간의 지적 능력을 훨씬 뛰어넘는 상태를 의미한다.

또 그것이 애초에 가능한 일인지(즉 계산주의가 옳은지)에 대해서는 앞으로도 계속 논쟁의 쟁점이 될 것이다. 또 양측은 분명 자신들의 입장을 뒷받침할 수 있는 실리적인 사례와 이론적 논거들을 계속 쌓아나갈 것이다.

오픈AI(2024)의 경우 AGI를 "경제적으로 가치가 큰 다수의 작업에서 인간을 능가하는 고도의 자율적 시스템"이라고 창의적으로 재정의함으로써 계산주의 쪽에 무게를 싣고자 했다. 이런 시도에 새넌 밸러와 같은 비평가들은 "오픈AI가 AGI에 사람의 이목을 집중시키며 경제적으로 가치 있는 일 이외의 모든 활동을 지능의 정의에서 지워버리고 있다"라고 지적하고, 인간의 인지와 의식은 이보다 훨씬 더 중요하고, 또 중요할 수밖에 없다고 반박했다(Vallor, 2024). 즉, 인간의 인지와 의식은 최소한 자기성찰, 공감, 도덕적 지능, 나아가 세계 속에서 우리의 위치를 이해하는 능력을 수반하기 때문이다. 그래서 우리는 바로 이 논쟁의 관점에서 AI 효과의 또 다른 사례를 확인할 수 있다.

도덕적·법적 지위

이러한 능력들이 여전히 치열한 다툼과 옹호 대상이 되는 한 가지 이유(어쩌면 주된 이유일 지도 모른다)는 의식과 지능이 도덕적으로 중대한 결과를 초래한다는 사실 때문이다. 만약 어떤 존재가 의식과 지능을 갖고 있다면, 그 존재는 도덕적 지위가 있고 법적 보호를 받을 자격이 있어 보이고 또 마땅히 그래야 하는 것으로 보일 것이다. 따라서 이러한 능력들은 **인격체**를 단순히 **사물**과 구별하는 기준을 제공한다. 도덕철학과 법학에서는 이 같은 이분법이 지배적인 개념적 대립 구도를 형성해 왔다. 이 주제를 다룬 (어쩌면 가장 중요한 저작으로 평가받는) 책의 저자 로베르토 에스포지토는 이렇게 설명한다. "우리 문명은 아득한 옛날부터 인격체와 사물 간의 가장 명확한 구분에 기초해 왔다. 인격체는 기본적으로 사물이 아니라는 사실에 의해 정의되고, 사물은 인격체가 아니라는 사실에 의해 정의된다"(Esposito 2015, 16쪽).

이 구분이 중요한 이유는, 바로 도덕적, 법적 주체로서 권리와 책임을 지는 인격체와, 우리가 마음대로 사용하고 처분할 수 있는 단순한 대상에 불과한 사물을 명확히 가르는 결정을 내리기 때문이다. 여기서 결정(영어 단어 decision에서 −cision은 '자르다'라는 뜻의 라틴어 동사 *caedo*의 변형인 *'caesum'*에서 유래했다)은 문자 그대로 존재 방식을 자르는 것과 같은 확실한 구분을 의미한다. 레모인이 주장했듯이, 만약 LLM이 의식을 갖거나 앞으로 갖게 된다면, 우리는 의식과 지능을 가진 인격체가 누리는 것과 동일한(또는 최소한 아주 비슷한) 권리, 보호, 책임을 그 인공물에게 확대하고 도덕적, 법적 공동체의 일원으로 받아들일 의무가 생길지도 모른다. 반면, 구글이 주장했던 것처럼 LLM이 결코 의식 있는 존재가 되지 못하거나 지적 사고의 특징으로 우리가 인식하는 능력에 이르지 못한다면, 알고리즘은 앞으로도 한낱 사물, 객체, 또는 소유물의 일부로 남아 있게 될 것이다.

소통 방식의 AI가 제기하는 과제(혹은 기회)는 앞서 말한 두 가지 결론 중 어느 쪽을 선택하더라도 정답이 아니거나 잘못된 판단처럼 보인다는 데 있다. 한편으로, LLM은 기술적 사물이라는 점이다. 즉, 인간이 고안하고 만든 인공물이다. 따라서 LLM의 도덕적, 법적 지위는 토스터기와 같은 다른 인공물과 다를 바 없어 보인다. 이러한 것들이 인간의 결정과 행동의 도구나 수단이라는 점을 고려하면 말이다. 데보라 존슨은 이렇게 설명했다(Johnson 2006, 197쪽).

컴퓨터 시스템은 사회적 실천과 의미 있는 활동에 참여하는 사람들에 의해 개발되고, 배포되고, 사용된다. 이는 오늘날의 컴퓨터 시스템은 물론이고 미래의 시스템에 똑같이 적용되는 사실이다. 미래의 시스템이 아무리 독립적으로, 자동적으로 작용하고 상호작용을 훌륭히 해낸다고 해도, 그것들은 직접적이든 간접적이든 인간의 행동, 인간의 사회제도, 인간의 결정에서 나온 산물일 것이다.

그러나 다른 한편으로, 이러한 사물들은 다른 사물들과는 사뭇 다르다. LLM은 우리에게 말을 건네고, 인간의 언어 사용과 사실상 거의 구별할 수 없는 방식으로 언어를 사용할 수 있다. 그리고 사회적 존재감이 강력해서, 지능적이고 감성적으로까지 느껴지는 대화로 우리의 관심을 사로잡는다. 그렇다고 해서 이 기술에 인격체의 지위를 확대해 부여하는 것도 똑같이 옳지 않은 것처럼 보인다. 그렇게 하면 우리의 도덕적 직관에 거슬리는 결정일 뿐만 아니라, 이 기술을 주도하는 거대기업들이 책임을 회피하거나 사용자의 기술 의존성을 높이기 위해, 그런 기회를 조작할 악용 가능성까지 열어줄 위험성이 있기 때문이다. 특히 이런 면에서 사회적으로 취약한 계층은 정치적, 경제적 이득을 얻으려는 세력에게 이용당할 위험이 크다고 할 수 있다.

결론적으로, 문제는 LLM 자체가 아니라 세상의 모든 것을 구분 짓고 이해하기 위해 우리가 만들어 놓은 도덕적, 법적 범주, 특히 인격체와 사물로 나누는 이분법에 있을 수도 있다. 인격체 대 사물이라는 이분법은 2천 년이 넘는 시간 동안 타당하다고 인식되었고, 상당히 잘 작동했다. 하지만 이제는 한계에 다다랐거나, 효용이 감소하는 지점에 이르렀는지도 모른다. LLM이 그 어느 범주에도 깔끔하게 들어맞지 않는 이유가 바로 여기에 있다. 따라서 LLM 인공지능과의 최근 경험을 통해 우리가 마주하게 된 사실은 기존의 도덕적, 법적 존재론이 붕괴하는 것은 아닐지라도 적어도 그 자체의 한계에 부딪히고 있다는 점이다. 건컬이『인격체, 사물, 로봇Person, Thing, Robot』(2023)이라는 제목을 적절하게 붙인 책에서 주장했듯이, 이러한 상황에 대응하기 위해 필요한 것은 기존의 틀을 억지로 고집하는 것이 아니라, 21세기와 그 이후의 새로운 도전을 감당해낼 수 있도록 도덕적, 법적 존재론을 대대적으로 재구성하는 일일지도 모른다.

언어와 사고

다시 튜링 이야기로 돌아가 이 장을 마무리하려고 한다. 튜링이 연구의 초점을 '기계가 생각할 수 있는가'에서 '기계가 인간의 언어 사용 방식과 구별할 수 없을 정도로 언어를 구사할 수 있는가'로 바꾼 이유는, 바로 의식적 사고를 직접적으로 관찰할 수 없기 때문이었다. 비록 튜링이 언급하지는 않았지만, 그의 테스트는 아리스토텔레스까지 거슬러 올라가는 언어 이론에 기반을 둔 설계였다. 아리스토텔레스는 『명제론De interpretatione』 제1권(16^a3)에서, 문자 언어는 음성 언어의 기호이며, 음성 언어는 사고의 기호라고 설명한다(Aristotle, 1938 참조). 따라서 언어는 단순한 기호 체계가 아니라, 그 자체가 사유의 기호이다. 그리고 우리가 흔히 말은 사고를 **표현한다**(문자 그대로 '밀어낸다')고 말하는 것도 바로 이런 이유 때문이다. 혹은, 테드 창이 〈뉴요커New Yorker〉에 기고한 글에서 성급하게 단언한 바 있듯이, "언어는 정의상 의사소통의 체계이며, 소통하려는 의도를 필요로 한다"(Chiang, 2024).

아리스토텔레스에게서 나아가 데카르트, 튜링, 창의 관점에서 언어는 흔히 사유의 기호, 또는 사유의 외재적 표현으로 간주된다. 따라서 무언가가 이해하는 듯한 방식으로 말하거나 언어를 사용한다면, 사유하는 존재라고 결론짓는 것이 합리적이다. 그렇다면 현재 시점에서 LLM은 실제로 이미 이 테스트 기준을 충족한 것처럼 보인다. 단순히 의미가 통하는 단어 배열을 만들어내는 것을 넘어, 그럴싸하고 자연스러워 보이는 대화로 우리를 이끄는 알고리즘을 갖고 있기 때문이다. 따라서 LLM은 튜링 테스트를 넘어 이를 능가한 것처럼 보인다. 그럼에도 이런 성과가 무색하게, 레모인이 그랬던 것처럼 LLM이 지능적이거나 의식적 사고를 할 수 있다고 선언하는 데에는 어떤 주저함, 심지어 저항감마저 존재한다. LLM의 언어 사용 방식이 우리의 방식과는 상당히 달라 보이기 때문이다. 적어도 상황을 복잡하게 만들고, 아리스토텔레스의 로고스 중심주의 이론을 뒤흔들만큼 충분히 다르기 때문이다. 그런데 이 진술을 설명하고 더 깊이 검토한다는 것은, 언어에 대해 우리가 어떻게 생각하고 이론화하는지를 재고하고, 어쩌면 수정하는 것까지도 의미한다. 이것이 다음 장에서 다룰 과제이다.

4장
언어, 의미, 그리고 소통

우리가 언어를 사용하는 경우는 (이 장의 첫 단락을 쓰고 있는 지금처럼) 필자인 내가 독자인 여러분에게 전달하고자 하는 어떤 생각이나 메시지가 있기 때문이다(또는 있다고 가정되기 때문이다). LLM 역시 무언가를 말하려는 듯한 언어 콘텐츠를 생성한다. 그런데 LLM이 스스로를 표현하기 위해 언어를 사용하는 것일까? LLM은 입력된 프롬프트의 의미를 파악하고, 그에 대한 응답으로 말하고자 하는 것이 있는 걸까? LLM은 이해하거나, 심지어 오해하는 것이 가능할까? 나아가 LLM이 생성한 결과물을 커뮤니케이션이라고 말하는 것이 타당할까?

아리스토텔레스부터 오늘날 LLM 기술에 대한 비판에 이르기까지, 언어는 본질적으로 사물을 지시하는 기호들로 구성된다고 가정되어 왔다. 이러한 고전적 기호학의 입장을 따르는 사람은 다음과 같이 주장한다. LLM은 단어들, 즉 언어 토큰(단어 전체가 아닌 단어의 일부)을 다룰 수는 있어도 "그 단어 뒤에 숨겨진 의미를 진정으로 이해하지는" 못한다(Bogost, 2023). LLM은 "현실 세계의 체화된 지시체embodied referents에 접근할 수 없기 때문이다"(Bender, Weil(2023)에서 재인용). 다시 말해 LLM은 언어 토큰이 무엇을 지칭하는지(또는 지칭하지 않는지-결국 같은 의미이다)를 모르는 채로 기호를 다룬다. 그리고 LLM은 의미에 기반하여 단어 배열을 생성하는 것이 아니라, 서로 다른 토큰이나 기표를 통계적으로 확률이 높은 순서대로 배열하는 것 뿐이다. LLM은 기표의 표면적 차원을 꿰뚫고 들어가 단어의 진정한 의미를 확인하는 대신, 그저 피상적으로 단어를 다루는 것뿐이다. 앞서 다룬 중국어 방 사고 실험을 다시 생각해보면, LLM은 입력된 프롬프트를 바탕으로 응답할 뿐 단어가 지닌 의미를 알지 못하며, 말 그대로 자신이 무엇을 하고 있는지 전혀 모른다.

하지만 상황이 그렇게 단순하고 직관적이지만은 않을 수 있다. 이번 장에서는 언어철학, 언어학, 커뮤니케이션 이론의 관점에서 LLM의 언어적 능력을 살펴볼 것이다. 그리고 이를 통해 이 기술의 인식론적·규범적 문제들을 더 잘 이해하고, 언어와 의미화 과정(이른바 '기호학'이라고 부르는 것), 그리고 커뮤니케이션을 이론화하는 데 LLM이 어떻게 도움이 될 수 있는지 알아본다. 이런 접근은 우리가 AI 생성 콘텐츠를 제대로 이해하도록 돕는 한편, 최근 등장한 소통 방식의 AI 기술을 활용하여 언어철학과 커뮤니케이션을 탐구하며 이에 기여할 수 있게 한다.

언어와 의미에 대한 두 가지 견해

철학자들은 의심의 여지가 없거나, 심지어 당연해 보이는 것들에 대해서조차 질문을 던지는 것으로 유명하다(관점에 따라서는 악명 높기도 하다). 언어란 무엇인가, '언어'라는 말은 무엇을 의미하는가, 나아가 '의미'라는 말은 무엇을 의미하는가 같은 질문들은 잘 알려진 예시들이다. 그럼에도 이런 질문을 던지는 것은 중요하다. 언어를 그저 일상적으로 이해하는 데 그치지 않고, 언어를 사용할 때 우리가 실제로 하고 있는 일이 무엇인지 묻도록 하기 때문이다. 언어철학, 언어학, 기호학의 과제는 바로 이러한 질문에 대한 답을 모색하는 일이다. 수많은 다양한 이론과 전통이 이러한 주제를 다루고 있지만, 관련 문헌들을 지배하는 것은 대립하는 두 접근법이다. 우리가 어떻게 LLM을 이해하고, 어떤 수단을 통해 의미들이 만들어지는지를 파악하기 위해서는 이 두 접근법을 제대로 이해할 필요가 있다.

지시적 실재론과 진리 대응설

언어를 의사소통의 도구이자 세계를 표현하는 수단으로 보는 것은 언어를 이해하는 한 가지 방식이다. 내가 여러분에게 취지를 전하려면 특정 순서의 언어 기호를 사용하여 구두나 글로 전달해야 하듯이 말이다. 전통적으로, 최소한 서양 철학의 계보에서는 구두를 통한 의사소통이 우월한 것으로 취급되어 왔다. 음성이 의사소통의 직접적이고, 근원적이며, 진정성 있는 매개체라고 보았기 때문이다. 달리 말하면, 내 머릿속에 전달하고 싶은 어떤 생각이 있을 때, 가장 직접적이고 신뢰할 수 있는 방법은 자신의 목소리를 사용하는 것이라고 여겼다. 아리스토텔레스의 언어를

[그림 4.1] 지시적 의미론. 데이비드 건컬 작성.

다시 떠올려 보자. 음성 언어는 사고의 기호이다. 즉, 말은 우리의 생각과 정신적 경험을 표현하는 방식이다. 이런 견지에서 (다시 아리스토텔레스에 따르면) 문자 언어는 이 근원적 기호의 기호이므로, 파생적이고 부차적인 것으로 간주된다(Derrida, 1976, 11쪽 참조). 따라서 우리는 (『요한복음』의 첫 구절을 약간 변형하여) 이렇게 말할 수 있겠다. 태초에 음성 언어가 있었으니, 곧 **로고스**였다.

때로 우리가 표현하는 이러한 생각들은 다른 세계에 관한 것이거나, 철학자들이 '실제로 그러한 바'라고 부르는 것일 수 있다. 우리는 세계에 대해 무언가를 이야기하고 싶어 하며, 따라서 세계의 무언가를 지칭하는 기호를 사용한다. 이런 사유 방식은 보통 지시적 의미론referential theory of meaning 또는 지시적 실재론referential realism에 속한다(Wolf, 2024). 즉, 특정 기호는 현실 세계의 무언가를 지시한다([그림 4.1] 참조). 이를테면, 어린아이에게 언어를 가르칠 때 우리는 그림책 속 특정 이미지를 가리키며 그에 해당하는 소리, 즉 기호와 연결 짓는다. 가령 '나무'라는 단어는 실제로 세계에 존재하는 특정 대상을 가리킨다. 그 단어가 곧 그 대상을 지시하기 때문에, 그것을 '나무'라고 말하는 것은 참이다. 리처드 로티는 이 같은 관점을 진리 대응설correspondence theory of truth이라고 불렀다(Rorty 1979, 12쪽). 그는 후기 비트겐슈타인의 표현을 빌려, '전통 철학을 사로잡고 있는 그림'은 언어(그리고 마음)를 실재를 비추는 거울로 보는 것이라고 주장했다. 따라서 언어의 목적은 세계를 정확하게 표상해 내는 것이다. 이 관점은 플라톤의 동굴의 비유와 그 실재 및 현상의 이분법(앞장 참조)으로 거슬러 올라간다.

이러한 사유 방식에서 인간은 최소한 두 가지 의미에서 언어의 행위자이자 주체로서 중심에 있다. 첫째, 인간은 저기 세계에 존재하는 것들에 대한 진술이나 명제를 제시하기 위해 언어를 소통 수단으로 사용한다. 『논리철학 논고Tractatus』를 저술한 초기 비트겐슈타인에 따르면, 하나의 문장은 세계에 관한 사실을 묘사할 때 참이다(Wittgenstein, 1995 여러 곳 참조). 따라서 언어는 세계를 표상한다(represent, 문자 그대로 다시 나타낸다). 의미는 어떤 명제가 세계의 실제 상태와의 대응에 관한 것이다(또는 대응으로 일어난다). 둘째, 인간은 세계에 대해 무언가를 말하기 위해 기호를 사용하는 능력이 인간의 배타적인 영역이자 특권이라는 점에서 유일무이하다. 서양철학 전통에서 설명하듯, 인간은 "언어 능력을 가진 동물an animal endowed with language"(예를 들어, Arist., 『니코마코스 윤리학NE』, 1098ᵃ3 – 5; 『동물의 부분들에 대하여PA』, 687ᵃ27; 『정치학Pol.』, 1253ᵃ1 – 18 참조)이다. 따라서 우리는 스스로를 유일한 언어 주체라고 여겨왔다. 모든 피조물 가운데 오직 인간만이, 유대교와 기독교 성서의 창세기에서 아담이 그러했듯이, 만물에 이름을 붙일 수 있는 존재이기 때문이다.

구조주의와 후기구조주의, 그리고 언어적 전회

구조주의자와 후기구조주의자, 그리고 마르틴 하이데거와 후기 비트겐슈타인의 영향을 받은 철학자들 모두가 언어는 곧 기호의 문제라는 점에 뜻을 같이 한다. 하지만 이것이 어떤 의미인지를 두고서는 서로 확연히 다른 목소리를 낸다. 그들이 설명하는 철학에서 언어학은 심리학으로부터 분리되고, 진리 대응설에 의문을 제기하며, 언어의 주체를 탈중심화한다. 현대 언어학의 아버지로 불리는 19세기 스위스 언어학자 페르디낭 드 소쉬르는 이렇게 주장했다. "언어에는 오직 차이만이 존재할 뿐이다. 더 중요한 사실은 일반적으로 차이란 그 차이를 성립하게 해 주는 긍정적 항*을 전제로 하지만, 언어에는 긍정적 항 없이 오직 차이만이 존재

---

* positive terms, 다른 것과 상관 없이 그 자체로 고유한 의미를 지내는 것을 뜻하며, 의미의 실증적(positive) 속성을 일컫는다.

한다"(Saussur 1959, 120쪽). 따라서 구조의 관점에서 볼 때 기호는 그것이 어떤 언어의 어떤 기호이든 간에, 그것이 속한 체계 안에서 다른 기호와 구별되는 차이에 의해 특징지어진다. 퍼스는 이렇게 표현한다. "우리는 어떤 단어의 의미를 그 단어가 어울려 쓰이는 주변 단어들을 통해 파악하게 된다"(Firth 1957, 11쪽).

이와 같은 견지에서 기호는 기호 체계 바깥에 있는 사물을 지시함으로써 의미를 갖게 되는 것은 아니다(적어도 우선적이거나 배타적인 요소로 의미를 갖게 되는 것은 아니다). 기호는 그저 다른 기호를 지시할 뿐이다. 달리 말하면, 언어학자 크리스토퍼 매닝이 최근 제안한 이른바 '분포 의미론distributional semantics'에서 언급하듯, "한 단어의 의미는 단순히 그 단어가 쓰인 문맥에 대한 묘사일 뿐이다"(Manning, Weil(2023)에서 재인용). 이러한 구조주의적 설명은 이미 플라톤의 『크라튈로스Cratylus』에서 제시되고 발전되었지만, 이를 쉽게 이해하려면 사전을 떠올리면 된다. 사전에 실린 단어들은 다른 단어들과의 관계 속에서 의미를 얻게 된다. 사전에서 단어의 정의를 쫓다보면, 우리는 언어의 기표 체계 내부에만 머물게 될 뿐, 언어 밖 지시 대상, 즉 기호학자들이 이른바 '초월적 기의'*라고 부르는 것에는 절대 도달하지 못한다.

---

*   the transcendental signified, 신, 이성, 진리, 자연, 인간 본성 등 모든 기표의 궁극적인 의미를 보증하고, 언어 게임을 끝내는 절대적이고 근본적인 개념 또는 진리를 의미한다.

이처럼 혁신적 주장이 제기된 이후, 언어는 더 이상 현실을 표상하는 중립적인 도구로 묘사되지 않는다. 언어는 우리가 실재라고 부르는 것에 대한 이해를 형성하며, 나아가 실재 그 자체를 형성한다. 따라서 실재가 무엇인지에 대해 말하는 것은 더 이상 저 밖에 이미 존재하는 것을 수동적으로 반영하는 문제가 아니다. 오히려 언어는 우리가 이야기하는 실재를 창조하거나, 최소한 공동으로 창조해 낸다. 커뮤니케이션 이론가 제임스 캐리가 설명하듯, "단어는 사물의 이름이 아니라, 케네스 버크Kenneth Burke의 말을 빌리자면, 사물이 단어의 기호이다. 실재는 그냥 주어진 것도, 언어와 무관하게 인간에게 존재하는 어떤 것도 아니며, 언어는 그러한 실재를 희미하게 굴절시켜 보여주는 것도 아니다. 실재는 소통에 의해 존재하게 되고 만들어진다. 간단히 말해, 상징적 형식들을 구성하고, 파악하고, 활용하는 것에 의해 실재가 창조된다"(Carey 1989, 25쪽).

이런 관점에서 언어는 더 이상 자율적인 인간 주체가 마음대로 다루는 도구가 아니다. 오히려 우리가 언어의 지배를 받거나 그 수중에 있다. 하이데거가 "언어는 존재의 집이다"라고 말했을 때 시사했듯(Hidegger 1977, 193쪽), 우리는 언어 안에서 그리고 언어를 통해 살아간다. 따라서 언어는 단순한 의사소통의 매개체나 표상 수단이 아니다. 언어는 곧 존재한다는 것의 의미 그 자체이다. 우리는 그 안에 거주한다. 언어는 우리의 집이다. 말과 글을 통해 우리는 우리 머릿속에 있는 무언가를 표현한다기보다는 이미 그곳에 있는 것, 즉 우리의 영역을 구성하는 언어와 존재를 매개할 뿐이다. 그리고 우리가 그 거처를 유지하는 것은 바로 말하기와 글쓰기를 통해서이다. 하이데거는 이렇게 쓴다. "사유하는 자들과 언어로 창조하는 자들은 이 집의 수호자들이다"(1977, 193쪽).

마찬가지로, 후기 비트겐슈타인도 우리가 말하는 바는 이미 그곳에 존재하는 것, 다시 말해 언어의 구조들과 그 언어를 지탱하며 그 언어에서 비롯되는 사회적, 문화적 세계에 의존한다고 말했다. 언어는 특정한 삶의 맥락과 실천 속에서 사용되고, 궁극적으로는 사람들이 공유하는 문화적, 사회적 배경인 '삶의 형식'에서 그 의미가 생성된다. 비트겐슈타인은 『철학적 탐구Philosophical Investigations』(2009, 11e)에서 "언어를 상상하는 것은 곧 삶의 형식을 상상하는 것을 의미한다"(제19절, 11e)라고 언급한다. 이제 그는 언어를 세계의 사실들을 반영하는 논리적 명제들의 체계로 생각하는 대신, 사람들의 살아있는 경험 및 실천과 결부된 것으로 본다.

하이데거와 비트겐슈타인 모두 (언어) 주체를 탈중심화하는 언어철학에 영감을 주었다. 우리가 소통할 때는 단순히 인간만 말하는 것이 아니라, 언어 자체도 말을 한다. 우리가 세계를 묘사할 때, 이 묘사는 언제나 우리가 세상을 보고 살아가는 방식,

즉 특정한 삶의 형식에 의해 빚어진다. 글을 쓸 때도 언어는 공동 저자가 된다. 우리가 쓴 글의 의미는 단순히 우리의 머릿속에 있는 것(무언가를 말하려는 우리의 의도)이나 저 밖의 현실 세계에 실재하는 것(사실, 사물 등등)을 거울처럼 비추는 것이 아니다(혹은 그렇게 많지 않다). 대신, 의미는 더 큰 구조적 총체, 즉 기호와 의미 사이의 모든 내적 관계를 지닌 언어 그 자체로부터, 그리고 언어가 인간의 사회적 삶과 존재에 얽혀 있는 수많은 방식들로부터 나온다.

이를 다른 방식으로 표현하자면, 데리다의 통찰을 빌려 이 철학자들이 문제 삼은 것은 바로 로고스 중심주의, 즉 단어와 언어가 외부 세계 또는 이 외부 세계를 반영하는 어떤 정신적 경험의 표현이라고 보는 사상이다. 플라톤은 『파이드로스』에서 말은 사고와 근원적으로 연결되어 있다고 전제하며, 이 때문에 파생적이고 부차적인 글보다는 말을 더 실재적이고 참된 것으로 간주한다. 그리고 소크라테스의 입을 빌려 다음과 같이 말한다. "글은 마치 지성을 가진 줄 안다." 하지만 아무것도 알지 못한다(『파이드로스』 275D – E). 이런 사유 방식에 맞서 데리다와 다른 학자들, 즉 로고스 중심주의 해체를 지지하는 이들은 기호가 그것이 표상해야 하는 대상(보통 '지시 대상' 또는 '기의'라 불리는 것)으로 환원될 수 없다고 주장한다. 기호는 다른 기호를 지시하므로, 기호들의 의미는 플라톤적 실재 또는 독립적인 지시 대상과의 대응 관계에 의해 결정되지 않는다. 이것은 차이의 문제이며, 그 안에서 의미는 항상 이미 유예되는 상태, 이른바 **차연**[*] 속에 놓이게 된다(Derrida, 1982).

기호는 항상 어떤 체계나 구조 안에 내재되어 있으며, 그에 따라 의미는 단어와 다른 기표들 사이의 차이와 관계로부터 비롯된다고 말할 수 있다는 점에서 구조주의 언어학의 통찰과 일맥상통한다. 이러한 언어의 구조는 이미 우리의 현실 인식과 세계에 대한 이해를 형성한다. 데리다는 의미에 대한 이러한 구조주의적 관점을 한층 더 발전시켰지만, 구조주의가 처음 주장했던 만큼 의미가 안정적이지 않다는 비판도 제기했다. 나아가 그는 아리스토텔레스의 주장에 맞서 말이 글보다 더 실재적인 것도, 자연스러운 것도, 근원적인 것도 아니며, 글이 말에서 파생된 것도 아니라고 주장했다(Derrida, 1976). 이런 관점은 다시 한번 언어적 주체를 탈중심화한다. 즉, 언어는 단순히 우리의 머릿속에 있는 것을 전달하는 것에 그치지 않는다. **우리가** 무엇을 말하느냐 하는 것만의 문제가 아니라는 것이다. 언어 그 자체도 말을 한다(Coeckelbergh, 2017). 따라서 누가 또는 무엇이 이야기하는지, 즉 화자나 저자는 그다지 중요하지 않으며, 말할 것을 결정하지도

---

[*] différance, 데리다가 창안한 이 용어는 '차이'라는 뜻의 프랑스어 différence와 '연기하다, 미루다'라는 뜻의 différer를 조합하여 만든 것이다.

않는다(다음 장에서 다룰 푸코의 논의도 참조).

이러한 철학적 접근법은 언어학의 사피어-워프 가설Sapir-Whorf hypothesis과도 일치한다. 이 가설은 언어의 구조가 화자의 인지와 세계에 대한 지각에 영향을 준다고 설명한다. 다시 말해 언어가 반드시 사고를 **결정짓는** 것은 아닐지라도 사고에 영향을 끼친다는 것이다(특히 에드워드 사피어Edward Sapir는 강력한 '언어결정론'을 거부했다). 벤자민 리 워프Benjamin Lee Whorf는 호피어[*]와 우토-아즈텍어[**]를 연구하며 같은 관점에 도달했다. 그는 언어의 구조가 다르면 그 언어를 사용하는 사람들이 세상을 인식하고 이해하는 방식도 달라진다는 사실을 입증했다. 이후 이 민속지학적 연구의 과학적 타당성에 대한 의문이 제기되기도 했지만, 그 안에 담긴 아이디어는 현대 인지과학에 큰 영향을 미쳤다. 예컨대, 조지 레이코프와 마크 존슨의 연구에서는 특정 언어에 나타나는 은유가 해당 언어를 사용하는 화자의 사고방식과 연결되어 있음을 입증한 바 있는데, 이는 은유가 우리의 가장 기본적인 지각과 행동을 구조화하기 때문이다(Lakoff & Johnson, 1980).

---

[*]   Hopi, 우토-아즈텍어족의 북부 분파에 속하며, 현재 미국 애리조나주 북동부의 호피 부족이 사용하고 있는 언어이다.

[**]   Uto-Aztecan, 북미 서부에서 중앙아메리카(멕시코)에 이르기까지 아주 넓은 지역에 분포하는 아메리카 원주민 언어 가족 중 하나이다.

LLM과 언어

언어와 의미의 문제와 관련하여 LLM이 무엇이고, 무엇을 하는지, 그리고 무엇을 표상하는지를 설명하기 위해, 우리는 두 가지 틀을 가져와 그런 문제들 사이의 긴장 관계를 비판적으로 들여다보고자 한다.

한편으로, LLM(말하자면, 챗GPT와 같은 챗봇 형태의 LLM)은 세계에 대해 무언가를 말하고 소통하기 위해 언어를 사용하는 도구로 간주될 수 있다. 하지만 이것이 진정한 의미의 소통도, 표상과도 실제 관련이 없다고 주장하는 사람이 있을 것이다. 이 챗봇 LLM에는 의도가 담긴 자기만의 마음이 없고, 이야기하거나 언급할 수 있는 현실 세계의 사물에 접근하여 직접 경험하거나 지각할 수도 없기 때문이다. 이를테면, 챗봇 LLM이 '나무'라는 단어를 답변으로 내놓았을 때. 그 단어가 무슨 뜻인지 알고 있는 것은 아니다. 마찬가지로 GPT-4o와 같은 멀티모달 시스템은 실제로 무엇이 나무인지(또는 나무가 아닌지)를 알거나 알아보지 못해도 나무 이미지(다른 종류의 기호)를 생성할 수 있다. 그럼에도 불구하고, 이 챗봇은 의사소통과 이미지의 표상을 **모방하거나 비슷하게 만들어낼** 수 있다.

우리가 챗GPT에게 나무가 무엇인지 묻는다면, 챗GPT는 (우리에게) 타당한 설명을 내놓을 것이다. 그래서 우리는 마치 챗

GPT가 언어적 주체인 것처럼 대한다. 하지만 누군가는 이것이 기만적이라거나, 적어도 환영이라고 주장할 수 있다. 그 같은 방식으로 언어를 사용하고 이해하는 존재는 오직 인간뿐이라는 것이다. 챗봇은 그저 "확률적 앵무새(Bender et al., 2021)일 뿐이다. 벤더와 동료 연구자들이 이 기술을 그렇게 불렀듯이 말이다. 다시 말해 LLM은 그저 언어를 흉내 내어 말할 뿐, 진짜로 언어를 사용하는 것은 아니다. LLM은 완전한 언어 주체가 아니기 때문이다. 또 마음도 생각도 없기 때문에 의미가 있거나 중요한 것을 표현할 수도 없다. 말하자면, LLM은 이미 세상에 존재하는 의미들, 즉 인간의 언어를 통해 전달되고 표상되고 텍스트 안에 고정되거나 굳어진 의미들에 기생한다고 할 수 있으며, 이것이 곧 LLM의 학습 자료가 되는 것이다.

따라서 LLM은 진정한 지능과 언어 능력을 지닌 것은 아니다. 다만, 실재(즉 현실 세계)와 독창적인 인간의 말과 글에 의존하고 모방할 뿐이다. 플라톤이 말과 글을 비교하며 언급했던 내용을 LLM이 생성한 텍스트와 인간이 쓴 글을 비교할 때도 적용해 볼 수 있다. 즉, LLM은 마치 지능이 있는 듯이 말하지만, 그것은 참된 지능이 아니다. 단지 외관상 지능처럼 보이는 것에 불과하다. 인간의 말을 따라 하는 일종의 앵무새처럼, 즉 "흉내"를 낼 뿐이다(Weil, 2023). 그러므로 그 앵무새의 가짜 언어는 거부되어야 한다. LLM이 인간의 말을 모방할 수는 있다. 하지만 그것이 실제로 말하는 것은 아니다. 그리스 철학자들이 '언어 능력을 가진 동물'로 규정했던 **호모 사피엔스**Homo sapiens 만이 유일한 원래의 언어 주체이다. 그 자리를 차지할 우상은 없어야 한다.

다른 한편으로, 후기구조주의, 하이데거, 후기 비트겐슈타인의 관점에서 본다면, LLM에 마음이 없다는 사실은 큰 문제로 보이지 않을 수 있다. LLM이 맺는 언어와 의미와의 관계는 통제하는 중심적 주체(저자)와 원래의 의도가 반드시 필요한 것은 아니기 때문이다. LLM은 인간의 언어 체계와 우리가 생활세계와 맺는 그 관계에 의존할 수는 있지만, 인간 언어 사용자들도 이미 존재하는 글과 의미에 의존하기는 마찬가지이다(비록 LLM이 인간 유기체와는 전혀 다른 방식으로 작동하므로, 그 의존 양식은 다르다고 할지라도 말이다.)

더욱이 의미는 기호와 세계 간의 관계에서만이 아니라, 언어 체계 내부의 구조적 관계에서도 발생한다. LLM이 의미를 이해하지는 못한다고 해도, 언어의 구조적 관계를 활용하고 다룰 수는 있다. 코켈버그와 건컬(2023)이 주장했듯이, 의미 생산은 언제나 공동 저자성의 문제이며(저자성이 적어도 있다면), 그 과정에서 인간도 언어도 단독으로 통제하지 못한다. 이 점은 소통 방식의 AI에도 그대로 해당된다. LLM은 의미를 결정하지 않는다. 오히려 의미는 의미 형성 과정에서 나오는데, 이 과정에 근원적인 **로고스**가 있는 것도 아니며, 더 정확히 말하면 그 과정에 기술 측면의 어떤 선행하는 정신적 경험이 있어야 하는 것도 아니다.

따라서 기호는 다른 기호를 지시하고, 텍스트는 다른 텍스트를 지시한다. 의미가 미리 주어진 것이 아니라 읽기와 해석의 결과물이듯 말이다. 의미는 이미 존재하는 텍스트를 활용하는 기술이 빚어낸 과정의 결과물이다. 그 과정에서 인간은 **나중에** 해석하고 의미를 구성한다. 그렇기에 의미는 저자가 창안할 수도 권위를 부여할 수도 없다(이 개념은 다음 장에서 더 자세히 다룰 것이다). 따라서 LLM이 생성한 결과물의 의미는 어떤 저자가 말하고자 했거나 표현하려 했던 것으로 환원될 수 없다. "저자의 죽음"*(Barthes, 1978) 이후, 우리는 일종의 공동 저작이거나 권위 없는 글을 마주하고 있다. 그렇다고 해서 LLM이나 이를 상품화하는 기업들이 이전의 장에서 다루었던 윤리적 문제와 책임에서 자유롭다는 뜻은 아니다. 다만, 이러한 문제들이 흔히 해결책으로 동원되곤 하는 실재-현상이라는 이분법만을 단순히 적용하여 분석되고 이해되어서는 안 된다는 의미이다.

커뮤니케이션, 전달에서 리믹스 문화로

언어가 더 이상 (또는 적어도 전적으로) 표현 수단이 될 수 없다

---

* 롤랑 바르트는 1967년 에세이 <저자의 죽음>에서 문학 작품의 의미를 결정하는 권한이 저자가 아닌 독자에게 있다고 주장함으로써 문학 비평과 해석의 새로운 패러다임을 제시했다.

면, 커뮤니케이션 행위를 단순히 송신자의 머릿속 내용을 수신자에게 전달하는 것으로만 이해해서는 안 될 것이다. 커뮤니케이션 행위는 이른바 '커뮤니케이션'을 특징 짓고 해석하는 다른 방식들에 의해서도 좌우될 수 있기 때문이다. 실제로 제임스 캐리(1989)가 주장한 바 있듯이, 사전에서 'communication(커뮤니케이션)'이라는 단어를 찾아보면 상충하지만 반드시 배타적이지만은 않은 두 가지 정의를 발견할 수 있다. 첫 번째 정의는 캐리가 '커뮤니케이션의 전달적 관점'이라고 부른 것으로, 메시지의 교환 과정에 초점을 맞춘다. 캐리가 '커뮤니케이션의 의례적 관점'이라고 부른 두 번째 정의는 'communication(커뮤니케이션)', 'community(공동체)', 'common(공통)'이라는 단어들이 공유하는 어원(라틴어 '콤무니스communis'에 뿌리를 둠)을 활용하며, 메시지 전달이 아닌 공통의 이해와 현실 인식을 재생산하고 유지하는 사회적 행위들과 관련된다.

커뮤니케이션의 전달적 관점

20세기 중반 클로드 섀넌과 워런 위버에 의해 처음으로 구체화되었던 전달적 관점은 커뮤니케이션을 송신자와 수신자 사이에 메시지가 매체를 통해 전달되는 과정으로 본다(shannon&Weaver 1949, 7-8쪽)([그림 4.2] 참조). 특히 커뮤니케이션 연구 분야에서 이 전달적 관점이 적용되는 전형적인 사례를 보면, 송신자와 수신자는 인간 주체인 반면, 매체는 기술적 도구이다. 혹은, 안드레아 구즈만이 설명하듯, "인간은 커뮤니케이터(송신자와 수신자)이고, 기술은 사람들이 메시지를 주고받는 매체, 즉 채널"(Guzman 2018, 8쪽)이다. 이 커뮤니케이션 모델의 주요 목표는 본래의 메시지가 왜곡이나 방해를 최소화하고 최적의 형태로 수신자에게 전달되도록 하는 데 있다. 따라서 커뮤니케이션의 전달적 관점에서 가장 필요한 것은 잡음이 없거나 거의 없는 매체를 통해 메시지의 전달을 수행하는 일이다. 이것이 충족될 때 비로소 송신자의 마음에서 비롯된 메시지는 수신자의 마음에서 정확히 재생산될 수 있을 것이다.

　이 같은 상황은 가령 고대 철학자가 실제로 의미한 바가 무엇이었는지, 또는 성경이나 다른 종교 경전의 특정 구절이 실제로 의도된 바가 무엇인지 파악하려 노력하는 고전 인문학자들에게는 매우 친숙하다. 목표는 전달 매체로 인한 왜곡을 최소화하거나 제거하여 원본을 밝혀내는 것이다. 그런 프로젝트를 수행하는 이들은 원저자의 마음을 알고 싶거나, 종교 경전의 경우에는 신의 세계에 직접 접근하고 싶어한다. 해석학적 전통의 목적은 원본 메시지를 베일에서 벗겨내어 그에 접근하는 데 있다. 그렇다면 본래 화자의 마음이나 정신에서 직접 전달된 메시지의 온전함이 중요한 요소가 된다.

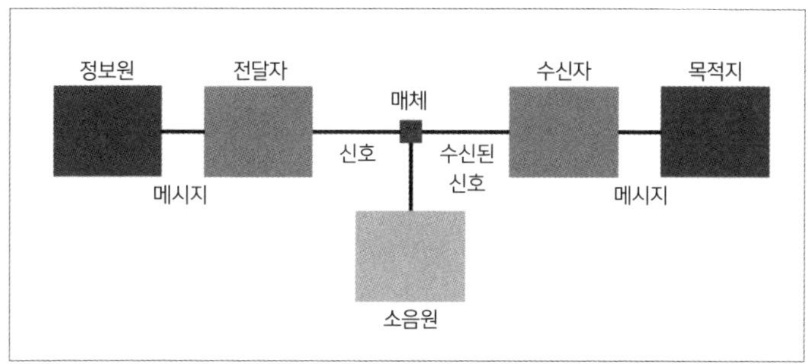

[그림 4.2] 섀넌과 위버의 커뮤니케이션 전달 모델. 섀넌과 위버(1949)의 모형을 데이비드 건컬이 변형한 것.

커뮤니케이션의 의례적 관점

제임스 캐리(1989)가 의례적 관점이라고 부르는 것은 서로 소통하는 상호작용을 개념화하고 이해하는 완전히 다른 방식이다. 건컬은 이렇게 설명한다. "의례적 패러다임 안에서 커뮤니케이션은 의도적인 잉여 활동 또는 무한히 반복 가능한 실천으로 이해된다. 이런 활동은 새로운 통찰력을 제공하거나 정보 전달을 반드시 추구하지 않으면서도, 특정 사회조직 및/또는 전통을 규정하고 구성하는 공통의 신념을 확립하고 유지하려는 노력이다"(Gunkel 2001, 76쪽). 따라서 이 관점에서는 송신자의 머릿속에서 기원한 생각을 재생산하는 일에 덜 집착하게 된다. 대신, 공동체를 규정하는 공유하는 현실을 특징 짓고 빚어내는 사회적 의례, 즉 잉여적이고 반복적인 상징적 활동들이 중시된다.

여기서는 송신자의 원래 의도를 충실히 전달하고 정확히 수신하는 문제에는 관심을 기울이지 않는다. 이보다 중요한 활동은 특정 공동체의 공통 경험을 구성하고 재구성하는 기존 콘텐츠의 다양한 혼합과 반복적인 리믹스 활동이다(Gunkel, 2016). 기술 매체는 이 과정에서 중심적 역할을 한다. 마셜 매클루언의 유명한 말처럼, "매체가 곧 메시지"(McLuhan, 1995)인 셈이다. 이때 왜곡과 변경은 과정의 일부이며, 소통에 따라 발생하는 차이에 영향을 미친다. 이렇게 되면 '출처'(오늘날 '원자료', '샘플', '데이터'라고 불리는 것)가 인간인지, 기계인지, 아니면 둘의 조합인지는 더 이상 중요하지 않다. 커뮤니케이션은 원래의 메시지를 전달하는 문제가 아니라, 공동체가 공유하는 의례적 실천이자 기존 콘텐츠의 반복적인 혼합 및 리믹스 활동이다.

그렇다면 이런 현상은 니체가 자신의 노트 중 하나에 남긴 글에서 언급했듯이(Nietzsche 1980, 199쪽), 우리가 플라톤주의를 단순히 뒤엎고 이제는 현상을 중시하는 세계에 살고 있다는 의미일까? 그렇다고도 볼 수 있지만, 그렇지 않기도 하다. 플라톤의 실재와 현상의 이분법이 해체된 이후, 우리는 장 보드리야르의 철학적 세계, 즉 시뮬라크르*의 세계에 있는 자신을 발견하게 된다. 보드리야르는 이렇게 설명한다. "영토는 더 이상 지도에 선

---

* simulacra, simulacrum의 복수(라틴어 simulacrum에서 유래한 용어를 그대로 영어로 사용함). 프랑스어로는 simulacre이며, 모조품, 복제 등을 뜻함. 보드리야르는 '더 이상 원본이 존재하지 않는 모조품, 또는 복제가 원본을 대체해 버린 상태'라는 뜻으로 확장해 사용했다.

행하지도, 지도 이후에 존속하지도 않는다. 이제 영토에 선행하는 것은 지도이며(시뮬라크르의 선행), 영토를 낳는 것은 지도이다"(Baudrillard 1994, 2쪽). 보드리야르가 강조하듯이 시뮬라시옹[*]이 일종의 거짓 표상으로 해석되어서는 안 되겠지만, 그의 개입은 여전히 불완전해 보인다. 거꾸로 뒤집힌 플라톤주의에 머물러 있다는 비판을 피하기 어렵기 때문이다. 다시 말해 보드리야르의 주장은 실재와 현상의 이분법 내에 그대로 머물러 있기 때문에, 플라톤주의의 중요한 특징인 전통적인 이분법적 대립 내에서 여전히 작동한다(Smith(2006)의 들뢰즈에 관한 논의 참조). 게다가 '시뮬라시옹'이나 '시뮬라크르'라는 용어 자체도 지나치게 플라톤주의적 느낌이 든다. 모방 대상이 여전히 배경에 머물면서 일종의 유령처럼 존재하기 때문이다.

플라톤주의의 진정한 해체가 이루어지려면, 단순히 획기적인 반전을 시도하는 것을 뛰어넘는 접근법이 필요하다. 이보다 근본적인 방식으로 접근하는 데 필요한 전제와 조건들은 아마도 니체의 저서 『우상의 황혼 Twilight of the Idols』에 수록된 우화 "어떻게 '참된 세계'가 결국 우화가 되었는가"에서 가장 명확히 드러날 것이다. 분리된 몇 가지 단계를 거쳐 진행되는 이 짧은 글은 다음과

---

[*] simulation, '실재가 없는' 모조품(시뮬라크르)이 현실을 대체하고 지배하는 현상 또는 그 과정 자체를 의미한다. 다시 말해 실제보다 더 실제 같은 가상의 이미지가 현실과의 구분이 모호해지면서, 오히려 현실을 지배하는 것을 뜻한다.

같은 주목할 만한 문장으로 끝을 맺는다. "참된 세계는 이미 우리가 파괴했다. 어떤 세계가 남았는가? 가상의 세계인가? 그렇지 않다! 우리는 참된 세계와 함께 가상의 세계도 파괴했다"(Nietzsche 1983, 485쪽). 여기서 니체는 플라톤주의의 단순한 뒤집기를 넘어, 실재와 그 환영적 타자(가상)를 나누는 구분 자체를 약화시키고 불안정하게 만든다. 따라서 니체가 한 일은 기존의 형이상학적 질서를 단순히 뒤집은 것이 아니라 그 질서의 전제와 조건들 그 자체의 해체이다(Gunkel 2021 참조). 이것은 완전히 다른 인식론적, 가치론적 질서를 도입한다. 니체는 본래의 의도에 집착하기보다는 파생, 모방, 반복, 변형적 (재)사용에 중요성을 부여한다. 따라서 커뮤니케이션에서 가장 중요한 행위는 원본을 충실히 재현하는 것이 아니라, 혁신적이고 창의적인 방식으로 베끼고, 변형하고, 결합하는 일이다. 과제는 신 또는 세속적인 특별한 힘을 통해 위에서 아래로, 즉 하향식으로 내용을 전달하는 것이 아니라, 평범한 사람들이 아래서부터 동등한 입장에서 일상적인 대화를 주고받으며 공동체를 함께 만들어가는 것이다.

LLM과 커뮤니케이션

그렇다면 우리는 이를 통해 커뮤니케이션의 주체로서 LLM을 근본적으로 다른 두 가지 방식으로 바라볼 수 있게 된다. 전달적 관점에 따르면, LLM의 문제는 인간이 만든 원본 자료를 도용하고,

실재(사실)를 현상(생성된 답변이나 결과물)으로 정확히 옮기지 못한다는 데 있다. 이와 달리 의례적 관점에서는 LLM이 지닌 커뮤니케이션의 문제는 모방이나 "진실의 환각"[*](Baudrillard 1994, 8쪽)에 있는 것이 아니라, LLM이 가용한 원래의 자료에서 창의성을 발휘하여 재조합하고 리믹스하여 가치와 의미 있는 결과물을 생성하지 못할 수 있다는 점이다.

커뮤니케이션의 전달적 관점으로 구성된 인식론과 가치론에 따르면, LLM은 도둑, 거짓말쟁이, 사기꾼(가짜)에 불과하다. 하지만 의례적 관점의 인식론과 가치론은 상황을 완전히 다르게 본다. 의례적 관점은 기존 자료를 새롭게 조합하고, 섞고, 모방하는 것을 단지 허용하는 데 그치지 않고, 잠재적으로 가치 있는 활동으로 여긴다. LLM이 기존 자료를 훔치든, 환각을 일으키든 개의치 않는다. 대신, LLM이 내놓은 결과물을 평가하고, 여기에 중요한 무언가를 추가하는지도 확인해야 한다. 다시 말해 출처와는 상관없이 활용 가치만 판단하면 된다. 존 듀이와 리처드 로티의 철학에서처럼, 인식론과 가치론의 기준은 재현적이기보다는 실용적이다. 결과물의 의미와 가치는 (만약 있다면) 원본 메시지를 보낸 사람의 의도에만 좌우되지 않는다. 오히려 수행 과정

---

[*]　the hallucination of truth, 가짜가 너무 정교하고 생생해서 오히려 진짜(실재)보다 더 진짜처럼 느껴져 무엇이 진실인지 구분할 수 없게 된 상태를 일컫는다.

에서 나오며, 그것의 표상적 가치나 가정된 본래의 진실과의 관련성은 별개로 평가될 필요가 있다. 중요한 것은 그 기원이 아니라 목적지이다.

마지막으로, 커뮤니케이션을 서로 다르게 바라보는 이 두 관점은 권력과 관련된 중요한 질문을 제기한다. 전달적 관점에서는 누가 창시자인지, 누가 스스로를 창시자로 내세우거나 강제하는지, 또는 누가 그 기원을 표상하고 영향을 끼치는 특권을 지니고 있는지에 대해 질문을 던져야 한다. 신적 기원과 연결되는 성직자나 종교 경전, 또는 신화적인 먼 옛날로 거슬러 올라가는 왕의 혈통을 떠올려 보자. 기원에 대한 그러한 배타적인 주장은 타인에게 권력을 행사하는 데 사용되었으며, 지금도 여전히 사용되는 경우가 있다. 책과 같은 커뮤니케이션 테크놀로지는 그 기원과의 연결을 확고히 하고 그 권력을 뒷받침하는 수단으로 여겨진다. 그런데 책은 마땅히 그래야 하는 것처럼 세계를 반영하고 진실을 정확히 표상하는가? 책은 정말로 근원적인가? 책은 실재와 진실을 대변하는가?

소통 방식의 AI에서 권력과 권위에 관한 질문은 원작자, 예술가, 글쓴이 등이 누구인지(또는 무엇인지)와 관련된다. 그렇다면 이 관점에서 가장 중요한 것은 처음에 메시지를 만든 사람이 얼마나 진실한지, 그리고 그 사람이 애당초 어떤 의도로 무슨 말을 전하려고 했는지를 파악하는 것이다(이에 대해서는 다음 장에서 더 자세히 논의할 것이다). 이러한 관점에서는 LLM이 생성한 결과물의 출처를 추적할 수 있는지가 중요하다. 이는 이를테면 디지털 워터마크*나 기타 인증 수단 등을 통해 가능하다. 이 관점에서의 인식론적 질문은 LLM이 생성한 결과물이 실제 사실을 있는 그대로 보여주는지, 그리고 얼마나 정확하게 똑같이 보여주는지를 평가하는 데만 쏠려 있다. 이른바 환각 현상은 환영받지 못한다. 환각이 작용한 답변에는 잘못된 표상이나 왜곡이 존재하기 때문이다. 그리고 커뮤니케이션은 실재를 왜곡없이 정확하게 반영하는 것으로 가정된다. 따라서 문제는 엄밀히 말해 LLM이 훼손시키거나 왜곡시키는 거울이라는 점이다(Valor 2024b, 13쪽 참조).

의례적 관점에서 송신자의 의도는 중요하지 않다. 그보다는 다음과 같은 질문에 주목한다. (출처가 어떻게 되든 상관없이) 생성된 결과물인 콘텐츠의 품질은 어떠한가? 누가 또는 무엇이 콘텐츠를 가장 잘, 또는 유용하게 리믹스를 하는가? 누가 또는 무엇이 가장 유용하게 또는 흥미롭게 다양한 원자료의 혼합물을 생성해낼 수 있는가? 해당 텍스트는 어떤 다른 텍스트와 맥락을 참조하는가? 다른 것과 비교했을 때, 하나의 결과물은 얼마나 강력한 영향력을 지니는가? 그리고 누가 또는 무엇이 가장 좋거나 유용한 기술적 수단을 가지고 있는가?

---

* digital watermark, 디지털 콘텐츠의 소유권이나 진위 여부를 확인하기 위해 눈에 띄지 않게 원본 자료에 삽입하는 정보를 일컫는다.

기술이나 매체의 역할이 원래의 메세지를 그대로 반영하거나 단순히 실어나르는 것이 아닌 생성된 결과물에 무언가를 추가할 수 있게 해주는 것이라면, 기술은 단순히 가치 중립적인 도구에 머물지 않는다. 기술은 그 과정에 가장 중요한 핵심이 된다. 이는 대중문화에서 리믹스 아티스트나 DJ들이 그들의 작업에 사용한 장비와 함께 종종 그려지는 모습에서 볼 수 있다. 아티스트와 그들의 장비는 우연히 맺어진 관계가 아니라, 서로 의존하면서 일종의 포스트휴먼 또는 혼종적 주체성*으로 결합한다. 이때 인간과 기계는 하나로 연결해 주는 혼합과 해석, 그리고 소통 과정에 함께 참여하며, 결과물의 신화적 기원을 주장하지 않는다. 본래의 기원을 따지거나 얽매이지 않아도 무언가를 함께 나누고 있다는 공통의 감각을 만들어내는 일이기 때문이다. 따라서 관건은 누가 어떤 말을 했느냐 것이 아니라, 다른 사람들이 그 말에 어떻게 반응하느냐 이다. 중요한 것은 공유하는, 공통의 경험이다. 이런 식으로 그 영향이 좋든 나쁘든 커뮤니케이션과 관련된 권력과 책임은 탈중심화되고 민주화되며, 때로는 아예 흩어져 버리기도 한다.

이것을 LLM에 적용하면, 권력은 프롬프트를 입력하는 사람

---

* 포스트휴먼post-human 주체성은 인간중심주의를 넘어선 주체성을 의미하며, 혼종적hybrid 주체성은 서로 다른 요소들의 결합을 통해 발생하는 구체적인 형태, 특히 여기서는 인간과 기계의 결합을 강조한 주체성을 의미한다.

(DJ가 곡을 선별해 재구성하는 것과 비슷한 큐레이션 기술을 발휘하는 사람)뿐만 아니라, AI 기술과 이 기술을 소유한 사람과도 관련있음을 의미한다. AI 기술을 개발하고 배포할 권력과 특권을 가진 사람들은 이 기술을 설계하고, 학습시키고, 통제함으로써 구현할 수 있는 기술의 범위와 작동 방식에 영향을 미친다. 이 경우 문제는 LLM이 환각을 일으키거나 근원적 진리를 왜곡한다는 점이 아니라, 일부 힘 있는 사람들과 조직이 LLM의 작동과 결과물에 특권적 영향력을 행사한다는 사실이다. 이러한 맥락에서 권력에 대한 질문 제기는 AI 기술이 원래의 메시지를 어떻게 왜곡시키는지에 대한 비판이 아니라, 이미 존재하는 힘의 불균형으로 인해 결과물이 어떻게 특정 형태와 의미, 그리고 일련의 결과로 나타나는지에 대한 지적이 될 것이다.

LLM에 대한 사유와 논의

LLM에 대한 비판 중 하나는 비록 이런 기술들이 겉으로 보기에는 그럴듯한 진술을 생성하더라도 자신이 하는 말을 이해하지 못하며, 그럴 수도 없다는 사실이다. 그리고 그 이유는 이런 기술들이 언어 기호를 사용하지만, 그 기호가 지시하는 실제 사물(즉 지시 대상)에 접근하지 못하기 때문이다. 만약 이 비판이 타당하고 심지어 자명하게 들린다면, 그것은 적어도 아리스토텔레스까지 거슬러 올라가는 오랜 역사적 무게를 지닌 언어와 커뮤니케이션 이론들에서 출발하고 이를 동원하고 있기 때문이다.

하지만 지시적 실재론과 커뮤니케이션의 전달적 관점이 이 문제에 접근하는 유일한 방식은 아니다(그리고 최선의 방식도 아니다). 언어와 의미에 대한 대안적 경로를 제공한 것은 19세기와 20세기에 발전한 구조주의 언어학과 후기구조주의 기호학의 혁신이었다. 이들의 초점은 언어를 차이의 체계로 본다. 즉, 단어는 기의(의미되는 현실 세계)를 지시해서 의미를 갖게 되는 것이 아니라, 언어 내의 다른 단어와의 차이에 의해 의미를 갖게 된다는 것이다. 그래서 이들의 관점은 LLM이 언어를 다루고 사용하는 방식과도 많이 부합한다. 마찬가지로 의례적 관점은 커뮤니케이션을 이론화하는 대안적 방식을 제공한다. 여기서 초점은 타인에게 무언가를 전달하고자 의도를 가진 개별 주체에 있는 것이 아니라, 특정 언어 공동체에 속하고 규정하는 현실 세계의 공유된 사회적 경험에 맞춰진다. 이러한 공동체는 인간만이 아니라 서로 소통하며 상호 작용하는 모든 유형의 주체를 포함한다.

이처럼 경합하는 이론들이 존재하는 가운데서 우리가 해야 할 일은, 어느 한쪽 편을 들거나 누가 맞고 틀린지 승패를 가리는 것이 아니다. 오히려 우리가 언어와 의미, 소통을 이해하는 방식이 이미 서로 다른 문제들과 탐구 방식, 심지어 논쟁의 조건을 결정하고 규정하고 있다는 사실을 인식하는 것이다. 그렇게 하면 LLM에 대한 제대로 된 철학적 비판은 단순히 기술의 결함이나 한계를 지적하는 것만으로 끝나지 않는다. 그와 동시에 사물에 대한 이해와 이야기하는 기존의 방식에 LLM이 어떻게 도전하는지 식별하는 법을 배우며, 나아가 언어와 의미, 소통에 대한 우리의 해석과 개념화에 질문하고 성찰하도록 하게 만든다. 따라서 우리는 이제 일종의 후렴구가 된 다음 문장을 반복하면서 이 장을 마무리하려고 한다. LLM이 스스로 생각하지는 못하겠지만, 우리가 사유해야 할 대상임에는 분명하다.

5장
저자성과 권위

이 책을 읽는 지금처럼 우리가 어떤 글을 접할 때 글의 **저자**가 누구인지, 즉 쓰인 내용에 대해 책임질 사람이 누구인지 궁금해하는 것은 타당한 반응이다. 이런 합리적인 의문은 보통 저자가 누구인지 확인하는 과정을 통해 해소된다. 그리고 저자의 정체성, 즉 그가 누구이며 어떤 배경을 가졌는지는 종종 글의 신뢰도나 진실성을 재빨리 판단할 수 있게 하는 역할을 한다. 그런데 이 책의 머리말처럼 글을 작성한 주체가 인간이 아닌 AI라면, 누가 또는 무엇이 저자가 되는가? AI 알고리즘인가? 이 알고리즘에 프롬프트를 입력한 인간인가? 아니면 둘 다인가? 이러한 질문은 단순히 철학적인 질문에 그치지 않는다. 글의 책임, 귀속, 타당성에 중요한 결과를 초래하는 매우 현실이고 실천적인 난제이기도 하다.

이번 장에서는 소통 방식의 AI가 저자성authorship의 개념과 글 내용의 의미 형성에 미치는 저자의 권위에 어떻게 도전하고 혼란을 일으키는지 살펴본다. 이를 위해, 크게 세 단계로 나누어 탐색할 것이다. (1) 우선 '저자란 무엇인가'라는 다소 단순하고 직관적으로 들리는 질문을 던지고 답하는 것으로 시작한다. (2) 이어서 미셸 푸코가 이른바 '저자 기능'이라고 불렀던 것을 LLM이 어떻게 뒤흔들어 어지럽히고 혼란에 빠뜨리고 있는지 검토하고 탐구함으로써, 글에 대한 저자의 권위와 저자성 개념에 대해 지금까지와는 다른 시선으로 바라볼 기회를 제공한다. (3) 마지막으로, LLM의 이러한 개입이 가져올 결과들을 생각해보고, 그에 따라

AI가 생성한 콘텐츠의 도전에 대응하고, 이해하고, 설명하는 방식이 앞으로 어떻게 달라질 것인지 알아본다.

저자란 무엇인가?

'저자란 무엇인가'라는 물음이 불필요하고, 심지어 무의미하게 느껴질 수도 있다. 이 용어가 무엇을 뜻하는지 다들 잘 알고 있기 때문이다. 저자는 책이나 다른 유형의 글을 쓰는 사람이며, 결과적으로 그 글에 담긴 내용에 책임을 지는 사람이다. 그런데 이러한 저자의 개념이 인류 역사 내내 존재해 온 것은 아니다. 여기에도 나름의 역사가 있다. 프랑스 문학 비평가 롤랑 바르트는 이렇게 설명했다. "저자는 근대의 인물이다. 중세 시대에서 벗어나 영국의 경험론, 프랑스의 합리주의, 그리고 종교개혁으로 나타난 개인적 신앙을 거치면서 '인격을 가진 인간human person'이라는 더 고상한 표현으로 일컬어지는 개인의 위상을 발견하면서 탄생한 우리 사회의 산물이다"(Barthes 1978, 142 – 143쪽).

바르트의 분석에 따르면, 오늘날 우리가 이해하고 사용하는 의미의 '저자'는 유럽의 근대 시기에 비로소 존재하게 된 문학적 인물literary figure이다. 따라서 이 개념은 당시 서로 긴밀하게 얽혀 있던 지적, 문화적 발전들과도 관련 있다. 그리고 이 모든 것의 중심에는 푸코(1984, 101쪽)가 "사상사에서 **개인화**의 특권적 순간"이라고 부른 것이 자리잡고 있다. 그 중에는 데카르트적 합리주의의 "나는 생각한다. 고로 존재한다*cogito ergo sum*"라는 의심의 여지 없는 명제가 있으며, 프로테스탄트 종교개혁에 의해 확립된 직접적이고 개인화된 신앙과 토머스 홉스Thomas Hobbes와 존 로크John Locke의 저작에서 명확히 표현되고 영국법에서 성문화된 사유재산의 개념이 있다.

바르트는 이러한 근대 유럽의 혁신이 분명히 있기 전에도, 글을 쓰는 사람은 있었을지 몰라도 오늘날 우리가 말하는 의미의 '저자'는 존재하지 않았다고 주장한다. 그리고 마르셀 모스Marcel Mauss나 클로드 레비스트로스Claude Lévi-Strauss와 같은 당대의 많은 이론가들처럼, 바르트는 20세기 인류학적 발견들이 제공하는 비판적 대조를 활용한다. "구술 사회에서 이야기의 책임은 개인이 아니라 중개자, 주술사, 이야기 전달자가 진다. 서사를 능숙하게 풀어가는 그들의 '행위'가 때로 찬미의 대상이 될 수 있었을지는 몰라도, 그들의 '천재성'은 결코 찬미의 대상이 되지 못한다"(Barthes 1978, 142쪽). 유럽 모더니즘의 전통과 경험 바깥에서는 이야기나 설명, 나아가 다른 유형의 콘텐츠가 굳이 저자라는 인물 없이도 성공적으로 창작되고, 전달되고, 축적되어 왔던 것이다.

바르트의 뒤를 이은 트린 T. 민하, 가야트리 차크라보르티 스피박과 같은 문학 비평가와 철학자들은 근대 유럽의 저자 개념에 대한 비판을 제기하며, 대안이 되는 구성을 실험하고 발전시켰다(Minh-ha, 1989; Spivak, 1998). 저자 개념에 대한 도전은 전근대 문학에서도 확인된다. 크리스 체셔는 이렇게 지적한다. "호메로스의 이야기들은 특정 개인 저자의 창작물이 아니라, 오랜 시간에 걸쳐 사람들 사이에 전해 내려온, 공동체가 집단적으로 보유하고 불러낼 수 있는 지식이었다. 오늘날 검색 결과나 AI가 생성한 응답 역시 개인의 산물이 아닌 집합적 저작물로 볼 수 있는 비슷한 형태의 새로운 방식이다"(Chesher 2023, 49쪽). 저자 개념의 역사적 발전에 대한 완전한 설명을 제공하고, 그 문화적 의미와 영향을 상세히 살펴보는 것만으로도 별도의 책 한 권이 필요할 것이다. 여기서는 이 책의 논점에 맞춰 저자 개념의 네 가지 특성만 짚고 넘어가도록 하자.

가부장성

우선, 문학적 권위를 지닌 이 근대적 인물의 지위와 역할은 대체로 명백한 가부장적 용어로 묘사되었다. 바르트는 이렇게 설명한다(Barthes 1978, 145쪽).

저자는 늘 자신이 쓴 책의 과거 존재로 상상된다. 책과 저자는 자동적으로 이전과 이후로 나뉜 단일한 선 위에 서 있다. 저자는 책에 자양분을 공급한다고 여겨지는데. 즉 저자는 책보다 앞서 존재하며, 책을 위해 살고, 사유하고, 고뇌한다. 저자는 아버지와 자식의 관계처럼 자신의 작품에 대해 동일한 선행성의 관계에 있다.

이러한 가부장적 구성은 서구의 지적 전통을 세운 텍스트들에서 그 기원을 찾을 수 있을 만큼 오래된 것이다. 마크 로즈는 "책을 저자의 자식으로 여기는 관념은 적어도 플라톤까지 거슬러 올라간다"(Rose 2002, 3쪽)라고 설명한다. 실제로 『파이드로스』에서는 이런 내용이 분명히 나타난다. 여기서 문자 언어는 제멋대로 엇나가는 다루기 힘든 자식wayward child으로 묘사되며, 후대의 철학자 자크 데리다의 표현을 빌리자면, 문자 언어는 아버지에게 종속된 "자식으로서의 새겨진 흔적the filial inscription"이자 아버지를 떠나 방황하는 "비참한 아들the miserable son"로 취급된다(Derrida 1981a, 84쪽과 145쪽).

　로즈가 증거를 들어가며 설명하듯, 명백히 성별화된(어머니와 딸이 아니라 아버지와 아들의 구도라는 점에서) 구성은 르네상스 시대에 더욱 확장되었는데, "이때부터 빠르게 저자와 그의 작품의 관계는 주로 부성(父性)으로 표현되었다"(Rose 2002, 3쪽). 이러한 설명은 오늘날 저작권법, 특히 베른협약*에 따른 규정을 통해 계속 영향력을 행사하고 있다. 이 협약은 저자의 '부권paternal rights'을 인정하고 보호하고자 하며(Strauss 1955, 507쪽), 타인의 글을 허락받지 않거나 도용하는 행위는 '표절'로 간주한다. 참고로 표절이라는 단어의 어원은 2장에서 언급했듯이(79쪽 참조) 납치범을 뜻한다.

의미와 의의

두 번째로, 이러한 권위적 인물은 매우 현실적이고 유용한 기능을 수행하는데, 바로 글의 의의를 보증하는 역할이다. 바르트는 이렇게 말한다. "텍스트에 저자를 부여하는 것은 그 텍스트에 한계를 부과하는 것이고, 최종적인 기의를 제공하는 것이며, 글쓰기를 닫아버리는 것이다. 이런 개념은 비평에 아주 잘 들어맞는데, 이때 비평은 작품 이면에 있는 저자를 발견하는 중요한 과업을 스스로에게 할당하게 된다. 저자가 발견되었을 때, 텍스트는 '설명된다'"(Barthes 1978, 147쪽). 따라서 저자는 수많은 글과 다른 문화적 인공물의 생산 및 유포에 안정성과 의의를 보증하는 핵심 기제이다. 어떤 작품에 대한 가장 권위 있는 설명은 글이라는 물질적 형태에 있는 것이 아니라, 그것을 창안한 개인의 본래 생각, 의도, 기교에 있다. 이런 의미에서 보면, 독자의 임무는 글의 물리적 표면을 뚫고 들어가 그 이면에 있는 저자의 목소리를 파악하고, 저자의 본래 의도나 말하고자 했던 바를 그 저작물을 통

---

* 저작권 보호에 관한 가장 중요한 국제 조약이다. 국가마다 달랐던 저작권법을 하나의 국제적 기준으로 묶어, 창작자의 권리가 국경을 넘어 보호받을 수 있도록 만든 핵심적인 장치이다. 현재 한국을 포함해 전 세계 180개 이상의 국가가 가입되어 있다.

해 이해하는 일이다.

글쓰기를 표현이나 메시지를 전달하기 위한 매체로 보는 이러한 개념화는 지성사적으로 뿌리깊은 영향과 확고한 역사적 기반을 가지고 있다. 즉, 문자 언어의 특징을 정신적 경험에서 나온 상징으로 묘사했던 아리스토텔레스의 기호학("말은 생각을 표현한다"(Arist., 『명제론』 16ª3), Aristotle(1938) 참조)에 의해 영향을 받았을 뿐만 아니라, 글쓰기라는 기술을 메시지 전달에 어느 정도 효과적인 도구로 여기는 커뮤니케이션의 전달적 관점에서도 이론화된 바 있다. 이런 사유 방식에 따르면, 가장 훌륭한 글은 독자들이 저자의 의중을 읽고, 이해하고, 충분히 파악할 수 있도록 책의 내용을 명료하게, 직접적으로 말해주는 글이다.

로고스 중심주의

세 번째로, 글쓰기와 읽기에 대한 이러한 사유 방식은 로고스 중심주의 형이상학의 영향을 받고 뒷받침되었다. 우리는 이전 장들에서 이미 '로고스 중심주의'라는 용어를 접한 바 있다. 이 용어는 20세기 초 독일의 철학자 루트비히 클라게스Ludwig Klages가 창안했으며(Josephson-Storm 2017, 221쪽), 사물을 직접적으로 나타내는 기호로서의 음성 언어가 지니는 암묵적인 우위와 중요성을 인정함에 따라, 글을 말의 기호, 즉 기호의 기호로 격하시킨다. 데리다는 이 개념에 대한 독창적인 설명을 아리스토텔레스의 『명제론』

에서 찾아낸다(Derrida 1976, 11쪽).

아리스토텔레스에게는, 예를 들어 "음성 언어는 정신적 경험의 상징이고, 문자 언어는 음성 언어의 상징"(『명제론』, 1, 16a3)이라면, **최초의 상징**을 생성하는 목소리가 마음과 본질적이고 즉각적인 근접 관계를 맺고 있기 때문이다. 그중에서도 최초의 기표를 만들어내는 자는 여타 기표들 중 하나인 그저 단순한 기표가 아니다. 이는 본연의 유사성을 통해 무언가를 스스로 반영하거나 비추는 '정신적 경험'을 의미한다.

만약 우리가 '여기서 데리다가 말하려는 것이 무엇인가'라는 질문을 던진다면, (저자가 글을 통해 그리고 글 속에서 **말하고** 있는 것을 파악하려는 탐구 방식을 나타내는) 이 질문 자체가 전형적인 로고스 중심주의이다. 그리고 이러한 다소 직관적인 질문을 던짐으로써, 우리는 심지어 말을 입 밖으로 내뱉기도 전에 로고스 중심주의가 이미 글쓰기에 대해 사유하고 사유에 대해 글을 쓰는 우리의 가장 일상적인 방식으로 자리잡고 있음을 알 수 있다.

따라서 로고스 중심주의는 푸코가 "인물과 작품 비평the-man-and-his-work criticism"이라고 지칭한 읽기와 해석 방법을 낳는다(Foucault 1984, 101쪽). 근대의 문학 정전*(이 문맥에서 '문학'은 소설, 논픽션, 학술 논문, 과학 논문을 포괄함으로써 폭넓게 이해되어야 한다)은 특정 개인들(대부분은 흔히 말하는 죽은 백인 남성들)과 그들의 **작품**을 중심으로 구성된다. 이 개념은 결국 임마누엘 칸트의 『판단력 비판Critique of Judgment』(Kant 1987, 174쪽)에서 이론화되고 발전되어 저자의 천재성을 낭만적인 모습으로 그렸다. 여기서 칸트는 "모든 순수 예술은 천재성의 산물"이라고 주장한다. 이러한 논리에 따라, 데카르트와 같은 근대 철학자는 "좋은 책을 읽는 것"을 "과거 시대의 가장 뛰어난 인물들과 대화하는 것(실은 준비된 대화인데, 이런 책의 작가들은 그들이 생각하는 최고만을 독자에게 드러낸다)"으로 간주했다(Descartes 1988, 22쪽). 그리고 우리가 데카르트, 칸트, 바르트 등 서구 정전의 권위적 인물들을 인용하는 행위 자체도 바로 이러한 사고방식에 기초하고 있다.

저작권법

마지막으로, 저자성은 단지 까다로운 철학적 개념에 그치지 않는다. 사실, 저자성은 (아마도 주로) 법적인 문제로 다루어지는 개념이기도 하다. 푸코가 지적하듯, 저자는 "형벌적 전유"의 인물[**]이었다(Foucault 1984, 108쪽). 푸코는 또 이렇게 설명한다. "텍스트,

---

[*] literary canon, 한 사회나 문화에서 가치가 있다고 인정되어 공식적으로 수용되고 연구되는 문학 작품의 목록 또는 기준이 되는 작품군을 일컫는다.

[**] penal appropriation, 저자라는 인물은 사상과 담론이 처벌 가능한 수준의 위반 행위가 되었던 역사적 순간에 그 책임을 물을 대상을 특정하기 위한 도구로서 전유되었다는 의미이다.

책, 담론에 (신화적이고 '신성화된' 그리고 '신성화하는' 인물이 아닌) 진정한 저자가 생기기 시작한 것은 저자들이 처벌의 대상이 되면서부터, 즉 관습을 거스르는 이야기들이 나오면서부터였다." 다시 말해, 텍스트가 애초에 저자라는 인물 아래 포섭된 이유는 정부나 교회 같은 권력 기관들이 어떤 진술에 대해 누가 책임을 져야 하는지, 즉 누가 그에 대해 답변할 수 있는지를 식별하기 위함이었다(Ricœur 2007, 12쪽). 그래야만 글의 위반 행위에 대해 누구를 심문하고, 기소하고, 처벌할 수 있는지를 알 수 있기 때문이다. 예를 들어, 갈릴레오는 태양 중심설을 옹호하는 논문을 발표했다는 이유로 교회 당국에 의해 유죄 판결을 받고 가택 연금에 처해졌다. 또 데카르트가 원래 자신의 첫 저서가 될 예정이었던 『세계Le Monde』의 출판을 철회하고, 『방법서설The Discourse on Method』을 익명으로(즉, 저자로서의 역할에 대한 아무런 표시 없이) 출판한 것도 바로 이런 배경 때문이었다.

영국과, 영국으로부터 독립한 북미 식민지에서는 저자가 저작권이라고 불리는 새로운 종류의 재산법에서 법적 책임을 지는 당사자로 규정되었다. 저작권이라는 법적 개념은 저자를 합법적인 소유자이자 재산권자로 인정함으로써 문학 작품에 대한 소유권을 부여한다. 로즈가 설명하듯이, 이 개념은 18세기 런던에서 처음 도입되었다(Rose, 2002). 이는 예술적인 완전함이라는 어떤 이상주의적 헌신에서 나온 것이 아니라, 텍스트 문서들이 자유롭게 유통되고 확장될 수 있는 특정한 기술 혁신, 즉 인쇄술의 발달에 기인했다. 스벤 버커츠인는 이렇게 설명한다. "한 사람이 독창적인 작품을 창작하고 그에 대한 역사적인 소유권을 갖는다는 개인 저자성의 개념은, 인쇄물이 구술성을 대체하는 문화적 커뮤니케이션의 토대로 자리잡고 나서야 비로소 대중의 마음속에 확고히 자리 잡았다"(Birkerts 1994, 159쪽). 이후 인쇄된 글이 급증하고 인쇄물로 돈을 버는 것이 가능해지자, 저자를 확인하거나 저자임을 인정받는 일이 다시금 중요해졌다. 이러한 법적 필요성의 결과로, 저자라는 인물은 결국 현대 저작권법의 주체이자 구성 원리로 인식되기에 이르렀다.

거대언어모델

오픈AI의 GPT 시리즈와 챗GPT 웹 애플리케이션과 같은 LLM이 불러온 근본적인 문제(또는 기회)는, 알고리즘이 단어를 배열하여 겉보기에 논리적인 문장을 생성해내지만 발화 주체가 따로 없기 때문에, 답변으로 제시된 텍스트의 의미와 진실을 보증할 수 없고 어떤 방식으로든 권위를 부여하는 것이 불가능하다는 사실이다. 그러다 보니 LLM은 기존의 저자성, 권위, 글쓰기의 방식과 의미에 대한 일반적인 사유 방식과 이해를 뒤흔들어 어지럽히고 혼란에 빠뜨린다.

권위에 대한 의문 제기

미셸 푸코의 논문 〈저자란 무엇인가〉는 사무엘 베케트_{Samuel Beckett}의 인용문으로 시작된다(Foucault 1984, 101쪽). "'누가 말하고 있는지가 뭐가 중요하겠어.' 누군가가 말했다. '누가 말하고 있는지가 뭐가 중요해?'" 논쟁의 여지가 있는 이 수사적 질문의 답은 일반적으로 푸코가 이른바 "저자 기능"이라고 부른 개념을 통해 제시되어 왔다(Foucault 1984, 107쪽). 조금 전에 살펴보았듯이, 이 개념은 어떤 자연적 형태나 불변의 플라톤적 이데아가 아니라 특정한 문학적, 법적, 역사적 조건이 만들어낸 기능적 산물[*]이다. 따라서 저자가 문학적 권위와 책무성의 주요 인물로서 특정 시기와 특정 장소에 나타난 것이라면, 그 역할이 더 이상 수행되지 않는 시점도 있을 수 있다. 즉, 푸코가 설명하듯 "지금 일어나고 있는 역사적 변화를 고려할 때 저자 기능의 형태, 복잡성, 더 나아가 그 역할의 쓰임이 그대로 계속 유지될 필요는 없을 듯하다. 내 생각에는 우리 사회가 변화함에 따라 변화 과정의 어느 시점에 저자 기능이 사라질 것이라고 본다"(Foucault 1984, 119쪽).

---

[*] 권위적 인물로서의 저자는 텍스트의 의미와 의의를 확정하고(문학적 기능), 저작권의 확립 및 법적 책임의 주체이기도 하며(법적 기능), 근대 유럽 사회의 중요한 지적·문화적 발전을 반영하고 촉진한다(역사적 기능).

바르트는 다소 종말론적 제목처럼 보이는 〈저자의 죽음〉을 통해 바로 이러한 사라짐, 즉 저자가 저술에 대한 권위를 가진 핵심 인물의 자리에서 물러나게 될 것을 예고했다(Barthes, 1978). 저자의 죽음이라는 말은 특정 개인의 사망이나 인간의 글쓰기의 종말을 의미하는 것은 아니다. 그보다는 글에서 또는 글을 통해 말해지는 내용을 보증하고 권위를 부여하는 행위 주체로서 저자라는 인물의 역할이 끝났다는 뜻이다. 이 점에서 LLM의 상황도 인간 저자와 다를 바 없다. 이러한 과정의 다양한 형태들이 다른 디지털 정보와 커뮤니케이션 기술에서도 구체화되고 있는 것이다. 위키피디아의 경우, 한 가지 항목의 글에 대한 저자성이 저자의 목소리나 귀속이 명확히 밝혀지지 않은 채로, 다수의 기여자들로 이루어진 네트워크에 분산된다(Wikipedia, 2024).

바르트와 푸코가 21세기의 LLM이나 생성형 AI를 염두에 두고 그런 주장을 했던 것은 분명 아니지만, 저자성에 대한 이들의 중요한 연구는 오늘날 소통 방식의 AI와 저자성에 대한 현재의 상황을 정확히 예견한다. 직설적으로 말한다면, LLM은 바르트와 푸코가 이론화했던 것을 실행하면서 저자의 죽음을 현실화한다. 플라톤이 『파이드로스』에서 이미 사용했던 로고스 중심주의 용어를 빌리자면, LLM을 통해 우리가 마주하는 것은 답변하는 내용에 생기도, 권위도, 살아 숨 쉬는 목소리도 없이 생성되는 글들의 존재이다. 따라서 이런 글은 말 그대로 **저자가 없어졌다.**

혹은, 베르나르 스티글러가 말하듯 "모든 글에 내재하는" 일종의 "저자 없는 권위"만이 있다(Stiegler 2008, 31쪽). 하지만 저자 없는 지위는 AI 생성 텍스트가 결여하고 있는 점에 대한 비판을 부채 질하는 요소라기보다는, 글(인간의 글과 기계가 생성한 글 모두)의 권 위가 항상 어느 정도는 이미 사회적으로 구성된 인위적 장치라는 사실을 보여준다.

진실과 귀결

일단 쓰인 글이 저자의 의도에 달려있다는 생각에서 멀어지면, 의미 문제에 역전 현상이 발생하게 된다. 더 자세히 말하면, 한 편 의 글이 갖는 의미는 텍스트라는 매체를 통해 말한다고 가정되는 누군가의 진정한 에토스에 의해 사전에 보장될 수 있는 것이 아 니게 된다([그림 5.1] 참조).

그보다 의미는 읽고 해석하는 과정 안에서 그리고 그 과정으 로부터 발생한다. 그리고 글의 의미가 관습적으로 저자에게 귀속 되었던 경우라 할지라도, 그 귀속은 독자가 추정하는 인물이거나 보통은 존재하지 않는 저자에게 거꾸로 투영된 것에 불과하다(그 리고 언제나 그래왔을 뿐이다). 다시 말해 의미 형성은 독서라는 행 위에서 비롯된 결과인데, 이는 이후 "사후적으로 (전제)정립되어 retroactively (presup)posited"(Žižek 2008a, 209쪽) 그 자체의 추정된 원인이 된다[*]([그림 5.2] 참조).

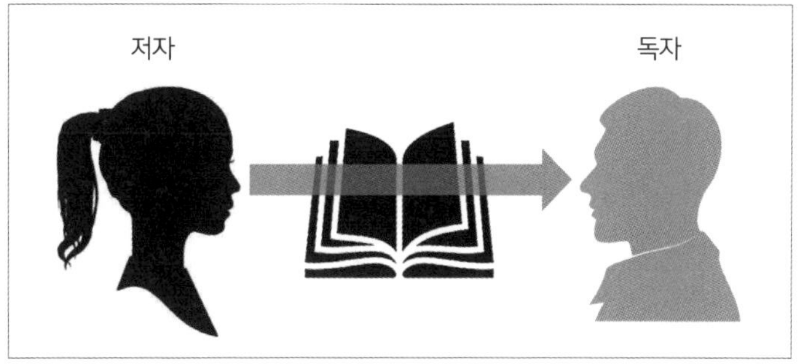

[그림 5.1] 저자의 의도에 근거한 의미 형성, 데이비드 건컬 제작

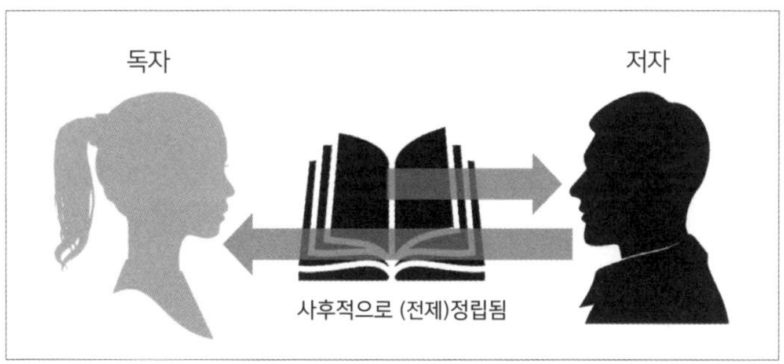

[그림 5.2] 독서 행위에 근거한 의미 형성, 데이비드 건컬 제작

이러한 문학이론의 판 뒤집기는 의미가 형성되는 위치를 바꾸는데, 즉 '할 말이 있는' 저자의 '본래' 의도에서, 쓰인 내용의 물질성과의 관계를 맺음으로써 의미를 만들어내거나 추정하는

---

* 독자가 방금 읽고 만들어낸 의미 자체를, '저자가 애초에 이런 뜻(원인)을 글에 담아 썼겠구나'라고 믿고 추정해 버린다는 의미이다. 원문 '(presup)posited' 용어는 영어 단어 "presupposed(전제된)'와 'posited(정립된)'를 하나로 합친 슬라보예 지젝Slavoj Žižek만의 철학적 언어유희이다.

독자들의 해석적 활동으로 그 위치가 옮겨가는 것이다. 바르트가 설명하듯, "텍스트는 수많은 문화에서 끌어온 다수의 글로 이루어져 서로 대화하고, 패러디하고, 반박하는 관계를 맺지만, 이런 다양성이 집중되는 단 한 곳이 있다면, 그곳은 바로 독자이다. (…) 텍스트의 통일성은 그 기원이 아니라 그 목적지에 있다"(Barthes 1978, 148쪽). 따라서 인간이 썼든 LLM이 생성했든, 인간과 기계의 상호 협업을 통해 구성되었든, 텍스트의 의미는 독서를 통해 그리고 독서 행위에서 만들어지는 의미 형성과 해석에 놓여 있다(또는 나타난다). 의미 측면에서 기원보다는 목적지가 중요하다. 로고스 중심주의는 이 구도를 거꾸로 완전히 뒤집었다. 글이 의미를 형성하는 곳은 저자가 아니라 바로 독자이다.

이 논리는 AI가 생성한 콘텐츠가 어떻게 의미를 갖게 되는지에 대한 설명도 된다. AI를 비판하는 사람들은 이를테면, "챗GPT는 인간 언어와 대화의 복잡성을 진정으로 이해할 수 없다. 이 알고리즘은 그저 주어진 입력을 바탕으로 단어를 생성하도록 학습되었을 뿐, 그 단어 뒤에 숨겨진 의미를 진정으로 이해할 능력은 없다"(Bogost, 2022)라고 지적하는데, 이는 옳은 지적이다. 하지만 그렇다고 이런 통찰로부터 LLM이 생성하는 글이 터무니없고 무의미하거나 허튼소리에 불과하다고 섣불리 결론 내려서는 안 된다(Hicks, Humphries, and Slater, 2024). LLM이 생성한 콘텐츠도 의미를 갖는데, 여기서 의미는 우리가 그러한 콘텐츠를 읽고, 해석하고, 평가하는 과정에서 발생하는 것이다. 이 점은 LLM에만 해당하는 특성이 아니라, 바르트의 주장처럼 모든 글의 본질적 속성이다. LLM은 단지 그 사실을 명확히 드러내 주었을 뿐이다.

단어와 사물

결국, 중요한 것은 단지 의미가 어느 지점에서 만들어지느냐 하는 문제만이 아니다. 더 근본적인 쟁점은 의미라는 개념 그 자체이다. 플라톤 이래로, 언어는 사물을 지시하고 또 그 의미를 유예하는 기호들로 이루어져 있다고 여겨져 왔다. 그리고 이러한 생각은 오늘날 LLM 기술에 대한 비판 속에서도 여전히 지속되고 있다. 예를 들어, 우리가 '거대언어모델(LLM)'이라는 단어를 쓸 때, 우리는 그 언어 기호들이 오픈AI가 개발한 챗GPT 애플리케이션과 같이 세상 어딘가에 있는 어떤 실재 사물을 상징하고 지시한다고 생각한다. 데리다는 〈구조, 기호, 놀이Structure, Sign, and Play〉라는 제목의 글에서 이렇게 설명한다. "의미작용에서 '기호'는 언제나 그 의미 안에서 무언가의 기호, 즉 기의를 지시하는 기표, 그리고 그 기의와는 다른 기표로 이해되고 규정되어 왔다"(Derrida 1978, 281쪽). 단어가 의미를 갖는 이유는 저자와 같은 누군가, 즉 언어 바깥의 현실 세계를 직접 경험할 수 있는 물리적 존재인 인간이 사물을 지시하고 그것에 대해 무언가를 말하기 위해 단어를 사용하기 때문이다. 그렇다면 LLM이 가진 가장 큰 문제는 바로 이런 능력이 없다는 점일 것이다. LLM은 그 단어가 지시하는 바가 무엇인지 알지 못한 채 (혹은 관심조차 기울이지 않은 채) 단어들을 다룬다.

그런데 앞 장에서 논의했듯이, 언어가 작동하는 방식에 대한 이런 상식적인 견해는 반드시 사물의 자연스러운 질서는 아니다. 그래서 20세기 구조주의 언어학의 혁신은 언어와 의미 형성을 언어 자체 내에 있는 차이의 문제라고 봄으로써, 그러한 견해에 정면으로 도전했다. 4장(127페이지)에서도 언급했듯이, 기호는 그 체계 바깥에 존재하는 사물을 직접 지시함으로써 의미를 갖게 되는 것이 아니다. 기호는 다른 기호들을 지시하고 차이를 통해 의미를 획득한다. 데리다의 유명한 진술인 '텍스트 바깥에는 아무것도 없다'라는 말에는 바로 그러한 의미가 담겨 있는데, LLM의 경우가 이 말에 특히 잘 들어맞는다. LLM에게는 학습에 사용된 텍스트와 사용자의 프롬프트를 처리하여 생성한 텍스트 외에는 그야말로 아무것도 없기 때문이다. 따라서 LLM 기술은 이 알고리즘들이 단순히 기호만 유포시킬 뿐, 현실 세계에 존재하는 지시 대상에 접근할 수 없다는 비판론자들의 주장은, 사실 그들이 생각하는 것과 같은 폐단이 아닐 수도 있다. LLM은 고전 기호학의 핵심인 개념적 대립항을 해체하는 구조주의적 기계들이다.

기회와 도전

LLM과 다른 형태의 생성형 AI 형태는 영향력이 큰 강력한 기술이므로, 그 가능성과 위험 모두에 비판적인 태도를 취할 필요가 있다. 불행하게도 현재 언어학자, 철학자, AI 전문가들의 대응 방식 대부분은 20세기 문학이론의 혁신과 발전으로 이미 붕괴된 저자성과 권위라는 근대적 개념을 다시 회복하고 정상화하고자 한다. 롤랑 바르트가 저자의 죽음을 이론화했다면, LLM은 그것을 현실로 만들고 있다. 그 결과, 우리는 이제 매우 현실적인 수많은 기회와 도전에 직면해 있다.

저자의 죽음 이후의 권위

AI가 생성한 콘텐츠의 책임이 누구에게 또는 무엇에 있느냐 하는 문제는 여전히 미해결 상태이며, 해결하기도 힘들어 보인다. 이는 귀속의 문제일 뿐만 아니라 책임에 관한 문제이기도 하다. 즉, 생성된 텍스트 내용에 대해 누구에게 또는 무엇에 공을 돌리고 책임을 물을 수 있는지 결정하는 문제인 것이다. AI의 등장으로 저자의 권위가 위기에 처하자 사람들은 두 방향으로 대응하고 있다. 하나는 저자 기능이 소통 방식의 AI가 초래하는 문제들을 감당할 수 있도록 그 기능을 되살리려는 시도이며, 다른 하나는 니체가 또 다른 권위의 존재인 기독교 신의 죽음 이후[*]를 예견했듯이, 저자라는 개념 자체가 무너졌음을 인정하고 받아들이는 것이다(Nietzsche 1974, 279쪽).

전자의 입장은 다시 두 갈래로 나뉘는데, 비록 방법은 다르지만 모두 혼란 속에서 저자 기능을 지켜내고자 한다. 한편으로는, 저자로 명명될 수 있는 대상을 엄격히 제한하고 AI를 저자의 범주에서 명시적으로 제외함으로써, 저자가 지니는 본래의 권위와 온전함을 보호하려는 것이다. 이런 움직임은 최근 출판 기준과 관련 법규를 통해 명문화되었다. 2023년 8월, 학술지 〈네이처 Nature〉는 'LLM 사용과 관련된 윤리적인 기본 원칙을 제시하며' 다음과 같이 규정했다. "어떠한 LLM 도구도 연구 논문에서 공인된 저자로 인정되지 않는다. 저자성의 귀속에는 작업한 글에 대한 책무성도 수반하는데, AI는 그러한 책임을 질 수 없기 때문이다"(Nature Editorial, 2013). 비슷한 맥락에서, 같은 해 미국과 영국에서 나온 몇몇 법원 판결도 자연인이 아닌 그 어떤 대상에 대해서도 저자성과 지적재산권 보호를 인정하지 않았다(Knibbs, 2023; Thaler v. Comptroller-General,[**] 2023; Chatterjee, 2023).

다른 한편으로는, 알고리즘을 일종의 공동 창작자로 간주

---

[*] 니체에게, 기독교 신의 죽음은 단순히 종교의 붕괴만이 아니라, 서구 사회의 모든 궁극적인 진리와 도덕적 기초가 무너졌음을 의미한다. 즉 '절대적인 권위'가 사라진 것이다.

[**] 당사자는 스티븐 탈러(Stephen Thaler) vs. 영국 특허청장(Comptroller-General)이며, 이 사건에서 탈러 박사는 자신이 개발한 AI 시스템 DABUS를 발명자로 지정하여 2건의 특허를 출원했는데, 영국 특허법상 '발명자'의 정의에 AI가 포함될 수 있는지가 쟁점이었다.

하고 AI를 적극적으로 활용하는 예술가, 작가, 콘텐츠 제작자들이 있다. 마크 아메리카의 문학 작품이나 홀리 헌던의 음악에서 볼 수 있듯이(Amerika, 2022; Friedlander, 2019), 이들은 LLM이 이룬 독창적인 기여를 존중하고 저자 기능이 이러한 기여에도 적용되도록 확장하고 개방하려 한다. 그리고 이런 노력은 그들이 기계에 어느 정도의 행위자성과 권한을 부여한다는 의미이기도 하다. 이는 저자의 자격에 대한 기존의 기대치, 그리고 인간이 만든 기술적인 인공물의 역할과 기능을 파악하는 통상적인 도구주의적 방식에 대한 직접적인 도전이다. 따라서 관례적인 형이상학적 전통과 사고방식에 여전히 얽매여 있는 사람들에게는 이러한 시도가 불편하게 느껴질 수밖에 없다(Evans, Robbins, and Bryson, 2024).

또 다른 대안으로, 우리는 (가볍고 일상적인 표현으로 말하자면) 죽은 저자의 망령을 마침내 떠나보내기로 결정할 수도 있다. 하지만 그렇게 하려면 콘텐츠 창작과 창의성에 관한 기존의 모델을 완전히 재구성해야 한다. 일단 저자라는 인물과 그 통제적 영향력이 크게 흔들리거나 사라지면, 텍스트는 인간이 작성했든 기계가 생성했든 더 이상 누군가의 내면적 생각, 경험, 욕망을 표출한 결과물로만 여길 수 없다. 이렇게 되면 텍스트가 예전과 다른 방식으로 조합되고 기능하기 때문에, 누가 말하는지는 더 이상 중요하지 않게 될 수도 있다. 바르트가 설명하듯이, "텍스트는 수많

은 문화의 중심에서 끌어온 인용들로 짜인 직물이다. (…) 글쓴이
는 항상 지금보다 앞서 나온 표현을 모방할 수 있을 뿐, 결코 독
창적일 수는 없다. 그들의 유일한 힘은 글이 어느 한 가지에 안
주하지 않도록 서로 대치시키고 혼합하는 데 있다"(Barthes 1978,
146쪽). 이런 관점에서 볼 때, 바르트가 말하는 **필자**scripteur(인간이
든, 기계든, 인간과 기계의 혼합체이든)는 이미 가용한 원천 자료의 데
이터베이스에서 가져온 텍스트 샘플을 전유하고 재조합하는 문
학적 리믹서remixer 또는 텍스트 DJ가 된다.

책임과 책무성, 그리고 법적 책임

푸코가 지적했듯이, 저자성(더 정확히 말해 저자 기능)은 본질적으
로 도덕적, 법적 책임의 문제를 해결하는 것과 관련이 있다. 따라
서 저자의 죽음은 책무성의 위기도 함께 초래하며, 그 결과는 이
미 분명하게 드러나고 있으며 점점 더 가시화되고 있다. LLM의
경우는 인터넷과 그 밖의 디지털 저장소에서 수집한 텍스트 데이
터로 학습했기 때문에 저작권, 지적재산권, 표절과 관련된 중요
한 문제들이 제기되고 있다. 2023년 12월 〈뉴욕타임스〉가 오픈
AI와 마이크로소프트를 상대로 제기한 소송은 이러한 상황을 잘
보여주는 사례이다. 맨해튼 연방 지방법원에 제기된 이 소송에서
원고인 〈뉴욕타임스〉는 오픈AI와 마이크로소프트가 사전 허가
를 받거나 저작권이 있는 콘텐츠를 재사용하기 위한 적절한 라이

선스 비용을 지불하지 않은 채, 자사 신문에 게재된 수백만 건의 원본 기사를 챗GPT LLM 학습에 활용했다고 주장했다(The New York Times Company v. Microsoft Corporation). 이에 대해 오픈AI는 2024년 다음과 같은 입장을 밝혔다. "공개된 인터넷 자료를 이용한 AI 모델 학습은 오랜 기간 널리 받아들여진 판례로 입증되듯이 공정 사용에 해당한다. 우리는 이것이 창작자들에게 공정하고, 혁신가들에게 꼭 필요하며, 미국의 경쟁력 강화에 대단히 중요한 원칙이라고 본다." 오픈AI는 이러한 입장을 뒷받침하기 위해, 2023년 8월 미국 저작권청이 내놓은 'AI와 저작권에 관한 질의 공고'에 대해 학계, 도서관 협회, 기업, 창작자, 저자 등 다양한 주체들이 응답한 공식 의견서를 인용한다.

이 같은 법적 논쟁은 기존 저작권의 제한 사항과 해당 법률이 보호하고자 하는 대상에 관한 문제인 만큼, 소통 방식의 AI 기술에 관한 문제이기도 하다. 이러한 논쟁이 희미하게나마 익숙하게 들린다면, 그럴 만한 이유가 있다. 사실 이와 비슷한 논쟁이 힙합, 전자 음악, 그 밖의 콜라주 기반 창작곡의 샘플링과 녹음된 내용의 리믹스를 둘러싸고도 일어난 적이 있기 때문이다. 스티븐 마르셰는 〈애틀랜틱Atlantic〉에 "글쓰기의 미래는 힙합과 매우 흡사하다"(Marche, 2023)라는 제목으로 실린 기사에서 이러한 연결 고리를 효과적으로 짚어낸다. 이 모든 논쟁에서 (리믹스에서 녹음된 자료를 재사용하든, 텍스트 데이터로 LLM을 학습시키든) 핵심은 원작을 적절히 보호하는 것과, 이후의 혁신에 필요한 해당 작품의 변형과 후속적인 활용 간의 균형을 맞추는 세심한 행동이다. 현재 LLM과 다른 형태의 생성형 AI에 대한 논쟁의 양측도 이미 비슷한 양상으로 가고 있다. 즉, 원작의 온전함과 인간 저자의 권리를 보호하려는 입장, 그리고 문화적 진보라는 미명하에 기존 콘텐츠의 변형적 재사용을 옹호하는 입장이 맞서고 있는 것이다.

하지만 모든 상황이 동일한 것은 아니다. 샘플링과 리믹스라는 추출 기법에서 LLM 인공지능의 생성 기술로 옮겨가면서, 권력에 상당한 변화가 일어나고 있다. 인간 DJ나 리믹스 아티스트는 전형적인 혁신적 인물, 즉 인디/DIY적인 창의성으로 지배적인 문화산업에 맞서는 아웃사이더로 신화화되어 왔다(Gunkel, 2016). 그리고 이를 통해 예술적 천재성을 숭배하는 약자 이미지를 어느 정도 답습하거나 계승하기도 하지만, 권력을 탈중심화할 여지를 남겨 둔다. 반면, 생성형 AI 시스템은 처음부터 기업이 만든 상품이다. 이 시스템은 고도로 수익성을 추구하는 다국적 기업에 의해 개발되고, 그들의 소유물이며, 계속해서 그들에게 전적으로 의존하고 있다. 따라서 거의 잊힌 과거의 음반에서 희귀한 곡을 찾아내며 레코드 박스를 뒤지는 DJ의 낭만적 이미지(앞서 언급했듯이 저자의 천재성이라는 망령은 그리 멀지 않은 곳에 있다)는, 이제 첨단기술기업들이 웹 전체에서 무차별적으로 콘텐츠를 수집하는 현실로 대체되었다. 비록 분쟁의 내용과 주장들이 실질적으로 비슷해 보일지라도, 그 이해관계와 이해당사자는 완전히 다르다. 이러한 논쟁은 저자성과 권위의 문제이기도 하면서, 동시에 권력과 자본의 문제이다.

결론 및 결과

LLM과 다른 형태의 생성형 AI는 중대한 도전이다. 이러한 기술들로 인해 우리는 이제 말하지 않고도 글을 쓰는 상황, 저자의 권위 있는 목소리가 없고 의존하지도 않는 텍스트의 확산, 그리고 무언가를 말하기 위한 어떤 사전 의도에 진실이 없는 글을 마주하게 되었기 때문이다. 기존의 사고방식에 갇힌 관점에서 보면, 이것은 단지 위협이자 위기의 징후로만 보일 수 있다. 이 관점에서는 우리가 언어를 이해하는 방식, 문학의 위상, 그리고 진실의 의미(혹은 진실을 말하는 방식) 그 자체가 위태롭게 보이고 심지어 해체의 표적이 된 것처럼 보이기 때문이다.

그런데 우리가 논의했던 20세기 문학이론의 비판적 관점에서 보면, LLM과 생성형 AI는 저자라는 인물, 의미 형성의 방식, 또는 진리 개념을 위협하지 않는다. 이 기술들은 단지 제한적인 개념 -보편적으로 타당하고 자연적으로 일어난 현상이 아니라 특정 문화와 철학적 전통의 산물인 개념- 만을 위협할 뿐이다.

LLM과 생성형 AI는 저자 기능이 가진 궁극적 한계를 드러내고, 그 구성 원리를 탈중심화하는 데 기여하며, 다르게 사유하고 다르게 글을 쓸 수 있는 기회를 열어준다. 이것이 바로 이 책의 마지막 두 장에서 다루게 될 논점이다.

6장

진실, 거짓, 그리고 환각

LLM은 그럴듯해 보이지만 반드시 사실이라고는 볼 수 없는 단어들의 나열을 생성해낸다. 또 자주 무언가를 '꾸며내거나' '환각을 일으키는' 듯하다. 따라서 진실이라는 기준으로 보면, LLM은 그리 신뢰할 만한 것으로 보이지 않는다. 그런데 진실이란 무엇인가? 또 LLM이 무언가를 지어낼 때 우리에게 제시하는 내용을 어떻게 개념화해야 할까? 더욱이 허위 정보는 지식의 문제일 뿐만 아니라, 현실 정치와도 밀접하게 연관된다. 그렇다면 우리의 민주주의는 위험에 처한 것일까?

이번 장에서는 먼저 소통 방식의 AI를 둘러싸고 사실의 정확성, 허위 정보, 그리고 '환각'이라고 알려진 현상이 어떻게 미묘하게 얽혀 있는지를 살펴본다. 이전 장에서도 이미 다루었던 '환각'이라는 용어는 AI 모델이 그럴듯하지만 완전히 날조된 정보를 생성하는 경우를 가리킨다. 이는 사실에 입각한 데이터를 얻기 위해 기술에 의존하는 사용자, 이 기술의 정확도를 향상시키려는 개발자, AI가 생성하는 콘텐츠의 윤리적, 정치적 영향을 두고 고심하는 정책입안자 등 다양한 이해관계자들에게 영향을 미친다. 하지만 이 장에서는 여기서 한층 더 깊이 파고들어 진리 개념, 대응설의 한계, 커뮤니케이션 윤리와 책임의 문제, 나아가 소통 방식의 AI가 공적 정보와 민주적 거버넌스에 가져다주는 기회와 도전 같은 굵직한 철학적 쟁점들까지 소환하여 날카롭게 따져볼 것이다. 그래서 우리는 '환각'이라는 용어에 의문을 제기한다. 이는 인간의 특성을 기계에 무비판적으로 적용한다는 사실 때문이 아니라, 논쟁의 여지가 있고 문제가 있는 특정한 진리 이론을 전제하고 있다는 사실 때문이다. 나아가 허위 정보가 어떻게 유권자 조작 문제를 야기하고, 민주적 거버넌스의 인식론적 기반을 훼손할 위험이 있는지에 대해서도 밝힌다.

이러한 주제들을 다루면서, 이번 장에서는 지식과 관련된 영역에서 LLM이 우리에게 던져주는 주요 과제와 기회들을 개략적으로 살펴본다. 나아가 신뢰성과 허위 정보의 잠재적 가능성이라는 중요한 쟁점을 다루고, LLM과 관련 형태의 생성형 AI 기술의 진보와 도입 및 활용에서 투명성과 책무성, 이해관계자의 책임, 그리고 다른 윤리적, 정치적 요소들을 고려하는 일이 얼마나 중요한지를 (동시에 의문을 제기하며) 강조함으로써, 권력과 AI 기술의 책임 있는 개발과 활용에 관한 보다 광범위한 논의에 힘을 보태고자 한다.

사실의 오류, 허위 정보, 환각

LLM은 사실과 다르거나 오류가 있는 온갖 종류의 콘텐츠를 생성할 수 있다. 예를 들어, 구글 제미나이의 검색에 최적화된 버전 LLM이 2024년 한 사용자에게 피자에 치즈가 잘 들러붙도록 접착제를 사용하라고 조언했다. 또 다른 사용자에게는 매일 작은 돌을 하나씩 먹으라는 것이 지질학자들의 권장 사항이라고 알려주었다(Shrivastava, 2024). 이런 사례가 우스운 이야기처럼 들릴지 모르지만, 누군가가 실제로 이런 조언을 따랐다면 더 이상 웃어넘길 일이 아니다. 이러한 문제를 더 명확히 파악할 수 있도록, LLM의 결과물에 나타나는 여러 오류 유형을 구분해서 살펴보자.

허위 정보

허위 정보란 다른 사람의 행동을 조작하려는 목적으로 (예컨대, 민주주의 선거나 비즈니스 거래에서) 부정확한 정보를 의도적으로 퍼뜨리는 행위를 일컫는다. 허위 정보, 가짜 뉴스, 근거 없는 소문은 인간의 모든 소통 방식에서 꽤 흔하게 나타나는 특징이기도 하다. 하지만 소통 방식의 AI는 허위 정보를 전례 없는 규모로 생성하는 데 이용될 수 있다. 이때 AI는 단순히 오해를 불러일으키는 정보가 들어있는 텍스트를 생성하기만 하는 것이 아니라, 그 텍스트를 설득력 있고 진지하면서도, 차분하고 유익한 문체로 생성해 냄으로써 속임수를 가려내기 더 어렵게 만든다(Chen and Shu, 2024). 그런데 LLM의 허위 정보 중에는 의도되지 않은 것들이 있다. 일부 오류는 학습 데이터에 포함된 부정확하고 정제되지 않은 불완전한 정보에서 비롯된다. 이 경우 LLM은 (앵무새처럼 통계적 패턴을 기반으로) 자신도 모르게 그런 내용을 반복적으로 재생산하거나 다른 방식으로 퍼뜨릴 수 있다.

LLM은 또한 수학이나 논리적 추론에 유독 서투른 경향이 있다. 이런 현상이 나타나는 것은 LLM이 숫자가 지닌 의미를 이해하지 못하기 때문이다. LLM에게, 숫자는 다른 토큰들과 확률적으로 조합할 수 있는 또 하나의 언어 토큰일 뿐이다. 따라서 LLM은 '1+1=405'라는 답을 생성할 가능성이 '1+1=2'라는 답을 생성할 가능성과 거의 같다. 두 가지 모두 형식적으로는 수학적 표현이지만, 두 번째 답변만 옳은 수식이다. 의도된 경우와 의도되지 않은 경우(여기서 '의도된 경우'와 '의도되지 않은 경우'라는 말은 LLM 자체의 의도가 아니라, 프롬프트를 입력한 인간 사용자의 결정을 가리킴) 모두 문제가 되는데, 그 결과물이 생성된 내용의 진위 여부를 파악하지 못할 수 있는 사용자에게 도달하기 때문이다. 다른 정보나 커뮤니케이션 매체와 달리, LLM에는 자신이 생성한 콘텐츠를 팩트체크할 수 있는 내장된 메커니즘이 갖추어져 있지 않다. 또 응답하는 과정에 편집하거나 사실관계를 확인해주는 사람이 있는 것도 아니며, 따라서 학습 데이터에 포함된 정보를 LLM이 검증할 방법은 없다.

이것이 문제가 되는 것은 단순히 특정 사실에 대한 오류 때문만은 아니다. 사용자가 잘못된 정보에 따라 행동할 수도 있고, 심지어 생성된 내용을 바탕으로 집단적인 결정이 내려질 수도 있기 때문이다. 이 장의 후반부에서 살펴보겠지만, 허위 정보는 사회적으로나 정치적으로 매우 현실적이고 중대한 파장을 일으키는 문제이다. LLM은 유권자의 행동을 조작하는 데 이용될 수 있으며, 따라서 지식 환경이 더 이상 신뢰할 만하거나 신뢰할 수 없는 불안정한 시기일 경우에는 민주주의가 심각한 위기에 처할 수 있다.

환각

널리 알려지고 인용되는 또 다른 문제는 바로 환각이다. '환각'이라는 용어는 특히 AI와 인공신경망(ANN) 분야에서 잘 알려진 역사가 있다. 2000년대 초반에는 이 용어가 컴퓨터 비전 시스템의 장점을 설명하는 데 흔히 사용되었지만, 2010년대 중반에 이르러서는 사실과 다른 부정확한 결과물에 쓰이면서 부정적인 의미를 띠기 시작했다(Maleki, Padmanabhan, and Dutta, 2024). LLM이 환각을 일으킨다는 것은 이 모델이 단순히 부정확한 답을 내놓는 수준을 넘어, 전혀 이치에 맞지 않거나 현실과 완전히 동떨어진 콘텐츠를 지어내고 조작할 수 있다는 의미에서 그렇다. 시스템이 스스로 모순되거나 터무니없는 말을 생성하고, 사용자의 입력 프롬프트(그리고 응답 결과에 대한 사용자의 기대치)와 관련 없는 답변을 내놓기 때문에, 결과적으로 부적절하거나 꾸며낸 것처럼 보이게 할 수 있는 것이다.

　'환각'이라는 용어는 LLM을 오해의 소지가 있게 '의인화'하여 마치 기계가 그 나름의 마음을 가진 것처럼 보이게 한다는 이유로 비판받아 왔다. 우사마 파이야드Usama Fayyad는 한 인터뷰에서 이렇게 밝혔다. "우리는 환각이라는 말을 할 때, AI 모델에게 너무 많은 것을 부여하고 있다. (…) 우리는 기계에 의도를 부여하고, 의식을 부여하고, 합리적으로 작동하는 기본 모드를 부여하고, 그래서 기계 측면에 어떤 형태의 이해력을 부여한다"(Tanner, 2023). 하지만 LLM에는 이러한 속성이 전혀 없다. '인공지능'이라는 용어와 마찬가지로 '환각'도 의인화된 표현이며, 따라서 문제가 매우 크다는 비판을 받는다.

그럼에도 이 현상은 실재하며, LLM이 생성한 콘텐츠에 의존할 수밖에 없는 사용자뿐만 아니라 AI 기업과 기술 개발자, 정책입안자 모두에게 심각한 문제를 안겨준다. 많은 사람들에게, 이 기술은 (아직까지는?) 기대에 못 미치는 듯하다. 예를 들어, 2023년 오픈AI의 GPT-4는 낮은 환각률로 호평을 받았지만, 그 비율은 여전히 3퍼센트에 달했다(Wodecki, 2023). 이 수치가 대수롭지 않게 보일지 모르지만, 만약 사용자가 환각에 해당하는 정보를 신뢰하고 그에 따라 행동한다면, 반대로 이 시스템을 신뢰할 수 없다고 판단하여 사용을 기피하게 된다면, 이는 단지 이런 시스템의 사용자만의 문제가 아니라 기술을 개발하는 기업에도 직접적인 타격이 된다. 그렇다면 앞으로 AI의 겨울이 찾아올 수도 있다는 의미일까? 정책입안자들이 이 문제에 대응할 방법에는 어떤 것들이 있으며, 또 어떻게 대응해야 할까? 성능이 충분히 개선되기 전까지 AI의 보급을 막아야 할까? AI 모델이 생성한 출력을 쉽게 믿고 수용할 가능성이 큰 취약한 사용자들을 어떻게 보호할 수 있을까?

환각은 인간의 특성을 기계에 투영한다는 점에서, 그리고 윤리, 상업, 법, 정책 등 여러 분야에서 매우 현실적인 문제를 제기한다는 점에서 문제적인 용어로 간주되어 왔다. 그런데 생각해야 할 부분이 더 있다. 이런 문제를 식별할 때, 우리는 진리가 무엇인지 완벽히 잘 알고 있으며, 이 경우 진리가 무엇인지에 대해 우리 모두가 합의하고 있다고 가정한다. 과연 그럴까? 대체 진리란 무엇인가? 굳이 따로 논의하지 않고 누구나 이것이 정답이라고 내세울 수 있고, 또 우리가 직접 확인할 수 있는 어떤 보편적인 진리라는 것이 존재하기는 할까? 팩트체크를 할 때 우리는 흔히 구글이나 다른 검색 엔진을 이용한다. 그런데 더 깊은 차원의 문제에 대한 답을 구하는 데에는 검색 엔진이 별로 도움이 되지 않는다. 우리는 검색 엔진이 의존하는 출처에 대해서도 똑같은 질문을 할 수 있기 때문이다. 구글이나 빙이 LLM보다 나은 점이 대체 무엇일까? 진리란 무엇이며, 우리는 그것을 어떻게 알 수 있는가?

진리란 무엇인가?
플라톤적 실재론, 진리 대응설, 그리고 비판

적어도 플라톤 이후로 철학자들은 진리의 개념, 그리고 인간 지식의 정확성과 신뢰성에 관심을 기울여 왔으며, 이는 지극히 당연한 일이다. 그런데 다시 묻지만, 진리란 무엇이며 우리는 그것을 어떻게 알 수 있는가?

플라톤적 실재론

플라톤이 그의 대화편 『프로타고라스Protagoras』와 『고르기아스Gorgias』에서 소피스트들(간단히 말하면, 오늘날의 소셜 미디어 인플루언서에 해당하는 고대 그리스의 사상가들)과 논쟁하는 소크라테스를 묘사한 것은 유명하다. 소피스트들은 진리는 상대적이고 주관적이며 관점과 상황에 따라 달라진다고 가르쳤다. 플라톤의 글에 묘사된 소크라테스는 세상에는 개인의 의견과 인식과는 무관한 객관적인 진리가 존재한다고 생각한다. 그는 소피스트들이 진리에 헌신하지 않고, 속임수와 조작을 일삼으며, 인간의 가장 낮은 본능에 호소한다고 주장한다. 소피스트들의 화려한 수사법은 참된 지식을 전달하지 않고 타인에게 영향력만 끼치는 것을 목표로 한다. 『고르기아스』에서 수사법은 권력을 획득하기 위한 설득 수단으로 제시되며(Grg. 466b), 아첨의 한 갈래로 치부된다(466a).

반면, 참된 철학은 수사법과 그 밖의 기술들과 달리 진정한 지식과 지혜를 밝혀내고자 하며 진리에 헌신한다. 마찬가지로, 오늘날 LLM과 이 기술에 종사하는 사람들은 조작과 기만을 일삼으며 진리에 무관심하다는 비난을 받는다. LLM은 수사적 장치, 즉 참된 지식에 우리를 더 가까이 데려가지 못하는 도구에 불과한 것처럼 보인다.

나아가, 플라톤은 허구와 상상력의 산물이 수사법만큼이나 정치 공동체에 위험하다고 보았다. 『국가』에서 그는 호메로스와 헤시오도스의 이야기*가 도덕적으로 비난받을 만한 행동을 묘사함으로써 젊은이들의 정신을 타락시킨다고 주장한다. 이 논리가 낯설지 않게 느껴질 수도 있는데, 오늘날 비디오 게임, 소셜 미디어, 그리고 허구를 만들어내는 생성형 AI에 최근 제기되어 온 주장과 일맥상통하기 때문이다. 플라톤의 해결책은 간단했다. 바로 검열이다(R. 377b). 이상적인 국가의 지도자이자 결정권자인 수호자들의 교육은 넉성 함양에 목표를 두어야 한다(378e). 그런데 시poetry와 또 다른 모방 예술의 문제는 실재에는 관심이 없고, 그저

---

* 호메로스와 헤시오도스는 고대 그리스의 가장 위대한 서사시인이자 서양 문학의 초석을 다진 인물들이다. 호메로스(Homer)의 주요 작품 『일리아스(Iliad)』와 『오디세이아(Odyssey)』는 트로이 전쟁과 영웅 오디세우스의 귀향을 다루며, 신들과 인간 영웅들의 갈등, 명예, 운명, 그리고 도덕적 딜레마를 묘사하며, 헤시오도스(Hesiod)의 주요 작품 『신통기Theogony』와 『노동과 나날Works and Days』은 각각 그리스 신들의 기원과 계보를 체계화하고, 농경 생활에 대한 실용적인 조언과 함께 정의, 노동의 가치 등 도덕적 교훈을 담고 있다.

하찮은 모조품을 만들어낸다는 데 있다(392d). 텔레비전, 영화, 비디오 게임, 그리고 생성형 AI가 만들어낸 허구적 콘텐츠가 그렇듯이, 이런 허구적인 가상물들은 그저 가볍게 즐기는 오락 거리에 그치지 않는다. 그것들은 실제 우리의 시선을 돌려 진짜 현실을 보지 못하게 만들 수 있다. 플라톤에게 유일한 해결책은 이러한 기만적인 이미지 제작자들을 추방하는 것뿐이었다. 오늘날의 용어로 표현하자면, 그들은 마땅히 '퇴출'되어야 한다.

진리 대응설과 그 비판

20세기 철학으로 넘어가면, 진리의 지배적인 관점은 진리 대응설에 담겨 있다. 즉, 진리란 앎과 그 대상이 일치하는 데에 있다. 러셀과 무어가 주장했듯이, 진리는 실재와 관련된다는 의미이다. 이러한 관점은 실재론적 형이상학과 밀접하게 관련이 있다. 예컨대, 초기 비트겐슈타인에게 세계는 원자적 사실들의 총체*이며 (Wittgenstein, 1995), 따라서 모든 진리는 관련된 사실과의 대응이라는 관점에서 설명된다. 때로는 '대응'이라는 용어 대신에 일치, 표상, 상황, 속성과 같은 표현이 사용되기도 한다(David, 2015). 대부분의 사람들에게는 진리 대응설은 너무나 자명해 보여서, 왜 굳이 이런 개념을 더 논의해야 하는지 의아해 한다. 데카르트와 칸트를 비롯한 다른 많은 근대 철학자들도 똑같이 생각했다. 하이데거는 언젠가 이렇게 설명했다. "진리를 올바름으로 판단하는 것은 정반대의 올바르지 않음(거짓)과 함께 사실 명명백백하다. 너무나 명백하게도 이러한 진리 개념은 온전히 자연스러운 사고 방식에서 비롯되고 또 그에 부합하기 때문에, 수 세기 동안 지속되어 왔으며 아주 오래전에 당연한 것으로 굳어졌다"(Heidegger 1994, 15 – 16쪽).

진리 대응설에 맞서(따라서 실제로는 플라톤의 견해에 맞서), 우리가 있는 그대로의 실재에 직접 다가갈 수 없다는 주장이 꾸준히 제기되어 왔다. 이러한 접근에서는 언제나 우리의 인지 능력(Kant, 1998)과, 앞서 4장에서 살펴보았듯이 언어에 의해 영향받기 때문이다. 따라서 내가 실재에 접근하는 것은 그 자체로 내적 의미 관계를 가지고 있는 내 언어 구조에 달려 있다. 바꾸어 말하면, 비트겐슈타인(1995)이 언급했듯이 "내 언어의 한계는 내 세계의 한계를 뜻한다"(『논리철학논고』 5.6). 더욱이 듀이(2011)의 실용주의와 같은 실용주의 이론들은 진리를 명제와 사물의 실제 모습 사이의 추상적인 관계가 아니라, 탐구와 시행착오를 거쳐 얻어낸 결과로 본다. 듀이는 객관적 진리가 존재하는 저 너머 다른 세계의 영역이 있다는 견해를 거부하면서, 추상적인 플라톤식(그리고

---

*　totality of atomic facts, 물질을 계속 쪼개면 더 이상 나눌 수 없는 '원자(atom)'가 나오듯, 복잡한 현실의 사건들을 논리적으로 계속 쪼개고 분석하다 보면 더 이상 쪼갤 수 없는 가장 단순하고 기본적인 사실에 도달하게 되는데 이것이 바로 원자적 사실(atomic facts)이며, 원자적 사실들의 총체는 무수히 많은 '원자적 사실'들이 모여 이루어진 거대한 집합이라는 것이 비트겐슈타인의 생각이다.

궁극적으로 칸트적) 관념에 반대했다.

훗날 리처드 로티 역시 진리가 "저 너머에" 있다는 주장을 거부했다(Rorty, 1979). 로티에게 진리는 인간의 마음과 인간의 언어로부터 독립하여 존재하지 않는다. 세계는 저 너머에 존재할 수 있을지 모르지만, 참일 수도 거짓일 수도 있는 것은 바로 세계에 대한 우리의 묘사이다. 그러므로 우리는 화자와 그들이 말하기 위해 사용하는 도구, 즉 언어의 존재를 간과해서는 안 된다. 언어는 이미 **우리에게** 무엇이 진리인지를 매개하고 빚어내고 있기 때문이다. 니체도 이미 우리가 진리에 대해 말하곤 하는 전통적인 방식을 거부한 바 있으며, 관점과 권력의 차이를 강조했다. 문제는 단순히 무슨 말을 했는지(그리고 그것이 참인지)가 아니라 누가, 어떤 목적에서 말했는지이다. 1896년 〈도덕 외적인 의미에서의 진실과 거짓에 관하여About Truth and Lie in the Extra-Moral Sense〉(2020)라는 제목의 글에서 니체가 주장했듯이, 인간은 세계에 대한 '진리'를 창조하기도 하며, 그 자체로 존재하는 진리도, 객관적 진리도 없다. 다시 말해 수사학이 철학으로 귀환한 것이다. 사실 수사학은 줄곧 그 자리에 있었던 것인지도 모른다.

결과적으로, 이상국가인 칼리폴리스Kallipolis에서 시인들을 추방해야 한다고 주장했을 때 플라톤이 잘못 생각한 점은 ─그리고 러셀과 초기 비트겐슈타인이 언어를 명제의 관점에서 다루고 진리를 사실과의 대응 관계로 정의하면서 잘못 생각한 점은─ 세계에 대한 명제와 묘사만이 유일하게 존재하는 '언어 행위'가 아니며, 세계나 사실에 대해 무언가를 말하는 것(Wittgenstein, 1995)이 유일하게 존재하는 "언어 게임"(Wittgenstein, 2009)도 아니라는 사실이다. 오스틴이 저서『말과 행위How to Do Things with Word』(1962)에서 주장하고, 이후 설(1996)이 뒤를 이어 더 자세히 정교하게 다듬었듯이, 언어는 명령하고, 감정적 반응을 유발하고, 약속하고, 사과하며, 심지어 선언을 통해 상황을 **바꾸는** 데에도 사용된다. 이러한 언어 행위의 의미는 사회적, 문화적 맥락에 따라 달라질 수 있다. 어떤 의미에서는 언어 행위 자체가 진리가 되고, 즉 무언가를 참으로 **만들거나** 무언가를 사실로 만든다. 적어도 사회적으로 말하자면 그렇다.

예컨대, 우리가 무언가를 약속하고 지키지 않으면, 타인은 우리에게 책임을 물을 수 있고 거짓말쟁이로 대할 수 있다. 이는 우리가 한 말이 상황과 일치하지 않기 때문이 아니라, 약속한 것을 지키지 않았기 때문이다. 즉, 먼저 했던 말이 나중에 하는 행동과 맞지 않기 때문이다. 그리고 설이 설명하듯이 우리가 선언적 언어를 사용하여 사회적 사실을 확립할 때, 우리는 무언가를 사실로 만든다. 이렇게 하여 우리는 새로운 (사회적) 진리를 창조해 낸다. 예컨대, 결혼식에서의 언어적 선언은 두 사람이 부부가 되었다는 것을 사실로 만든다. 이 경우 진리는 외부 현실과의 대응이 아니라 사회적이고 관계적인 것이다. 말하자면 사회적인 언어 사용을 통해 생겨난다.

선언 외에 다른 종류의 언어 게임들도 있다. 허구적인 이야기를 지어내는 것도 그중 하나이다. 아리스토텔레스와 폴 리쾨르는 이런 이야기에 고유한 내적 정합성*, 의미, 그리고 (덧붙이자면) 진리가 있다고 보았다. 리쾨르는 『시간과 서사Time and Narrative』(1984)에서 서사의 의미와 정합성은 플롯 내 사건의 구조화를 통해 창조되는 것이며, 외부 현실의 단순한 반영에 국한되지 않는다고 주장했다. 따라서 외부에 지시 대상이 존재하지 않더라도, 즉 외부의 실제 세계에 (직접) 대응하는 것이 없더라도 서사 내부에는 진리, 의미, 정의 같은 것이 존재한다. 예를 들어, 내가 〈해리 포터〉 시리즈에 나오는 한 이야기 요소를 잘못 언급했을 경우, 이 시리즈의 열렬한 독자는 내 오류를 바로잡을 수 있다. 그 사람은 〈해리 포터〉 세계관 내의 의미와 진리에 대해 더 잘 알고 있을 것이기 때문이다. 동시에, 이러한 지식과 진실은 그 이야기의 바깥 세계에서는 들어맞지 않을 수 있다.

---

* coherence, 단순히 모순이 없는 것을 넘어, 여러 조각이나 요소들이 서로 긴밀하게 연결되어 하나의 타당하고 의미 있는 전체(체계)를 이루는 상태를 뜻한다.

진실은 포위당했는가?
LLM의 환각, 개소리, 허위 정보에 대한 재고

만약 LLM이, 예컨대 "미국의 45대 대통령은 힐러리 클린턴이었다"(실제로 챗GPT가 생성했던 내용이다(Marcus and Davis, 2023 참조))라고 주장하는 결과물을 내놓는다면, 명백히 사실과 다른 잘못된 진술이다. 사실과도 (역사적) 실제 상황과도 일치하지 않는다. 다시 말해 참이 아니다. 사람들이 비록 LLM은 이런 일 또는 이와 다른 일을 '의도'를 가지고 벌일 수 없다고 하더라도, 알고리즘이 거짓말을 하거나 우리를 속일 수 있다고 흔히 말하는 까닭도 여기에 있다. 이런 관점에서 본다면, 환각이라는 비유는 제법 적절해 보인다. LLM은 인간의 사고 과정과는 전적으로 또는 거의 무관하다. 그런데 '환각'이라는 용어는 이 기술의 사용자인 우리가 실제 세계와 접촉하는 것이 아니라, 이를테면 주술사의 마법 세계, 마약 사용자의 환상 세계, 꿈속의 가짜 세계와 같은 가상의 세계에서 나온 콘텐츠와 마주하게 된다는 점을 나타내기 때문에 일리 있어 보인다. 따라서 LLM은 현실 세계를 충실히 반영한다고 보기 어렵다. AI 모델들이 만들어내는 것은 환상이다. LLM이 마치 환각제(LSD)를 복용한 것 같다.

개소리와 개소리꾼들

플라톤적 실재론과 진리 대응설에 명확히 부합하는 한 가지 접근 방식은 마이클 타운슨 힉스, 제임스 험프리스, 조 슬레이터가 공동 집필한 최근의 비평적 에세이에서 찾아볼 수 있다. 저자들은 이 글에서 해리 프랭크퍼트의 『개소리에 대하여On Bullshit』(2005)를 인용하여, LLM이 개소리꾼이라고 말할 수 있는 것은 이 기술이 단순히 헛소리를 하거나 사실적 오류를 범하기 때문만이 아니라, "진리에 아무런 관심이 없으며(플라톤적 관점에서의 비판), 실제 진리에 대한 관심 없이 진리처럼 보이는 텍스트를 생성하도록 설계되었기" 때문이라고 주장한다(Hicks, Humphries, Slater 2024, 1쪽). 다시 말해 LLM은 모방과 현상의 영역에 국한된다는 주장이다. LLM은 수사법적으로 기만적이며, 진리도 지식도 신경 쓰지 않는다(같은 책, 3쪽).

> 여기서 문제는 거대언어모델이 일종의 환각을 일으키거나, 거짓말을 하거나, 세상을 어떤 식으로든 왜곡한다는 점이 아니다. 문제는 이 모델들이 현실을 표상하도록 설계된 것이 전혀 아니라는 점에 있다. 대신, 이 모델들은 설득력 있는 텍스트의 줄거리를 전달하도록 설계되었다. (…) 이 모델들은 정보를 전달할 목적으로 설계되지 않았기 때문에, 모델이 내놓은 주장이 거짓으로 드러나도 크게 놀랄 일이 아니다.

그럼에도 속이려는 의도가 없기 때문에, 저자들이 이런 특성을 거짓말의 관점에서 보는 것은 옳지 않다고 주장하는 것은 적절하다. 거짓말은 속일 의도로 허위 진술을 하는 것을 수반하기 때문이다. 그렇다면 적어도 이러한 관점에서는 '개소리'가 더 나은 용어처럼 보인다. 그리고 바로 이런 이유로 저자들은 챗GPT가 "개소리 기계"라고 결론을 내린다(같은 책, 7쪽).

설상가상으로, 이러한 AI 모델들이 불쾌감을 불러일으키거나 도덕적으로 무례하게 표현하고 발언한다는 점에서도 큰 문제로 주장할 수 있을 것이다. LLM이 있는 그대로의 세계를 정확하게 보여준다고 믿기 어려울 뿐만 아니라, 아무런 통제 없이 내버려둘 경우 사실과 다른 정보를 주고 다른 방식으로 비윤리적으로 기능할 것이 뻔하기 때문이다. 소통 방식의 AI 애플리케이션의 경우 인터넷 텍스트에 포함된 인종차별적 견해를 앵무새처럼 따라 함으로써, 사회적 약자나 소외된 집단에 대한 기존이 편견을 계속해서 재생산하고 강화한다. 이런 상황은 '플라톤주의자들' 뿐만 아니라 플라톤주의에 대해 잘 알지 못하지만 그런 행동이 사회적으로나 도덕적으로 비난받아 마땅하다고 생각하는 사람들까지도 격분시킨다. 이렇게 보면, 우리 사회는 명백하게 위험에 처해 있는 듯하다. LLM이 단지 개소리만 늘어놓는 것이 아니라, 유해하고 비윤리적이며 심지어 위험할 수도 있는 콘텐츠를 생산하기 때문이다. 이 인공적 소피스트들은 타락을 부추기는 악영향이자 명백하게 현존하는 위험이다.

소통 방식의 AI 개발자와 이들을 고용한 기업들은 이러한 거짓말과 오류, 왜곡, 혐오 표현으로 인해 발생하는 이 모든 결과를 자주 플라톤이 권고했던 것과 동일한 해결책인 검열을 통해 해결하고자 한다. 예를 들어, 앤트로픽의 클로드는 '헌법'이라고 불리는 일련의 규칙들을 적용하여, 허용할 수 없는 생성 콘텐츠를 평가하고 걸러낸다. 헌법으로 규정된 이러한 규칙들은 플라톤이 항상 원했던 바로 그 기능을 수행한다. 이를테면, 정치적으로 올바르거나 용납할 수 있는 발언을 행동 양식으로 정하는 것이다. 플라톤식 논리에 따르면, 그러한 대응으로 우리 각자와 공동체를 허위 정보나 비윤리적인 콘텐츠로부터 보호할 수 있다. 그리고 만약 이 방법이 통하지 않으면, 그 다음 단계로는 LLM 개발을 일시적으로 중단하거나(Future of Life Institute, 2023), 그러한 개소리 기계들을 전면적으로 금지함으로써 이 모든 사태에 종지부를 찍는 것이다.

상황을 바라보는 또 다른 관점

진리에 대한 플라톤식 접근 방식은 확실히 설득력 있는 주장이다. 온전한 정신을 가진 사람이라면 누가 참되고 선한 것에 반대하겠는가? 게다가 헛소리와 거짓말은 비단 철학자뿐만 아니라 사려 깊은 민주 시민이라면 누구나 경계해야 할 대상이 아닌가? 그럼에도 다른 이론적 틀이나 철학적 접근 방식을 채택했을 때 어떤 일이 일어나는지에 대해서도 탐구해 볼 가치가 있다.

힉스와 공저자들이, LLM의 문제는 세계를 잘못 표상한다는 것이 아니라, 세계를 **표상**하려는 목적조차 없다고 말한 데에는 그 이유가 있다. 후기 비트겐슈타인(2009)의 용어를 빌려오면, 개소리 이론가들이 의도한 것보다 진리 대응설에서 더 멀어지는 방향으로, LLM에 대한 개소리 반론을 재구성해 볼 수 있을 것이다. 즉, 오픈AI의 챗GPT와 같은 LLM의 문제는 세계를 표상하려 하지 않는다는 점에 있다기보다는, 그 결과물이 마치 세계를 표상하는 언어 게임에 속하는 것처럼 오해하도록 제시한다는 점에 있다. 실제로 LLM은 다른 게임과 또 다른 게임을 하고 있거나, 더 정확히 말하자면 아무런 언어 게임도 하고 있지 않다. 단지 특정 언어 게임을 **흉내낼** 뿐이다.

이런 설명의 틀에서 볼 때, 문제는 모방에 있다. 여기서 모방은 세계에 있는 사실들의 모방이 아니라(현상 대 실재), 특정 언어 게임의 모방이다. 플라톤적 관점이 아닌 대안적 관점에서 문제를 바라볼 경우에는, 언어 게임을 실제로 하는 것과 그것을 흉내 내는 것을 구별하기란 힘들다. 그렇다면 문제는 LLM이 명제를 생성하는 언어 게임을 성공적으로 수행하거나 수행할 수 있는 것처럼 보인다는 데에 있다. 그것도 심지어 진지하고 자신감 있어 보이는 태도로 게임 참여자들의 스타일을 모방한다. 그런데 실제로는 현실 세계와의 어떠한 연결과 결속, 또는 접근 없이도 그렇게 한다. 기껏해야 언어 게임 내의 진리만이 존재할 뿐, 대응 이론에서 말하는 진리는 아니다.

어쩌면 개발자들과 AI 기업들이 그들의 제품을 실제 세계와의 대응이나 표상을 수반해야 하는 다른 언어 게임이나 검색에 적합한 것처럼 제시하지 않는다면, 이런 '기만'은 최소화될 수 있을 것이다. 사용자들 역시 이러한 기술에 의해 만들어지는 많은 것들이 허구일 가능성이 크다는 사실을 배우고 인지할 수 있을 것이다. 그리고 LLM이 진리를 위반한다고 비판하는 철학자들과 비판적 사고를 가진 개인들도 LLM이 묘사와 명제 등의 언어 게임 외에 다른 언어 게임을 수행하고 있거나, 적어도 그렇게 보인다는 사실을 인식할 수 있을 것이다. 그들은 허구로 글을 쓰는 것 자체에는 아무런 문제가 없다는 사실도 분명 받아들일 것이다. 진리 대응설 이론가들이 생각한 것과 같이 (그리고 개소리 이론가들에 의해 다루어지고 가정되었듯이) LLM이 내놓는 결과물들이 진리를 말하는 언어 게임에 속하는 것처럼 제시되지 않는 한에서 그렇다.

아이러니하게도, LLM이 온갖 종류의 언어 게임을 수행하고 (혹은 거듭 말하지만, 게임을 하는 것처럼 보이고) 그러한 게임 안에서 진리를 만들어낼 수 있다는 사실은, 일부 사용자들이 LLM에게 허구적인 이야기를 만들어 달라고 요청하여, 첨단기술기업의 플라톤식 검열 통제 메커니즘을 우회한다는 사실(!)로 아마 가장 잘 드러날 것이다. 이러한 시도를 통해, (세계에 대한 진리 대응설의 의미로) 참이 아니며 비윤리적이거나 도덕적으로 문제될 수 있는 많은 것들이 가능해진다. 이런 식으로 (다시 말하지만 아이러니하게도) AI 모델 사용자들은 이야기를 지어내라고 요청하는 우회 수단을 통해 LLM이 진리를 말하는 언어 게임에 속하지 않았다는 사실을 말하도록 하는 데 더 가까워지려 하는 셈이다.

또한 개발자와 사용자 모두에게 해당하는 이런 문제들을 숙고하다 보면 중요한 사실 하나가 떠오른다. 바로 소통 방식의 AI는 홀로 존재하는 것이 아니라 인간과 인간의 행동에 언제나 연결되어 있다는 사실이다. LLM 자체는 그 어떤 의도도 가지고 있지 않을 수 있으며, 우리가 아는 한 실제로도 그렇다. 하지만 인간은 분명 의도를 품을 수 있다. 그리고 이런 기술 시스템을 설계하고 사용하는 것도 인간이다. 인간은 유해한 콘텐츠를 만들거나 파괴적인 정치적 목적을 달성하기 위해 이를 조작하거나 심지어 탈옥*시킬 수 있다. 비록 한쪽의 영향력이 다른 쪽보다 확실히 더 크기는 해도, AI 기업과 사용자 모두 주체성을 발휘할 수 있다.

이 논의는 명백하게 권력에 관한 질문으로 이어진다. 권력은 니체와 푸코(그리고 나중에는 오스틴, 설, 버틀러) 이후로 언어와 커

---

* jailbeak, AI 모델, 특히 LLM에 적용된 보안 장치, 윤리적 제약 또는 검열 메커니즘을 우회한다는 의미이다.

뮤니케이션을 연구하고 공부하는 많은 이들이 질문을 제기해 온 주제이다. 자신의 말과 LLM이 생성한 단어 배열을 통해, 즉 말을 통해 무언가를 해낼 권력은 누구에게 있는가? 객관적인 진리를 대변하거나 전달해야 하는 언어 행위를 누가 규정하는가? 자신의 '진리'를 타인에게 강요할 수 있는 권력과 특권을 가진 사람은 누구인가? 기만과 개소리로 인해 누가 피해를 입고, 누가 이득을 얻는가? 우리는 자본주의 같은 강력한 정치경제 구조만이 아니라 언어 그 자체의 구조에 의해 얼마나 종속되어 있는가?

LLM은 기존의 편향을 재생산함으로써 언어가 중립적이지 않다는 사실을 아주 명확히 보여준다. 언어가 젠더와 인종적 편향을 내포하는 경우가 대표적이다(Caliskan, Bryson, and Narayanan, 2017). 이런 이유로 LLM은 비판적 성찰의 대상 그 이상이다. 즉, LLM은 사회의 어떤 현실을 적나라하게 보여주고, 나아가 규범 윤리와 정치에 관한 질문을 제기하도록 유도한다는 점에서 기술descriptive 윤리*에도 도움을 준다. 자유민주주의 사회에서 발언은 어느 정도까지 규제되어야 하는가? 영어와 같은 특정 언어에 이미 내재되어 있는 시스템적 편향을 우리는 어떻게 다루어야 하는가?

---

*   기술 윤리(descriptive ethics)는 '사람들이 실제로 어떤 도덕적 믿음을 가지고 행동하는가'에 답하는 반면, 규범 윤리(Normative Ethics)는 '사람들은 어떻게 살아야 하는가'에 답하며, 행동의 옳고 그름을 판단하는 원칙과 기준(예: 공리주의, 의무론)을 정립하려 한다.

마지막으로, 소통 방식의 AI에 대한 이러한 비판적 고찰은 진리가 관계적이라는 사실을 드러낸다. 진리는 언제나 특정한 언어적, 사회적 환경 속에 위치하며, 서로 다른 텍스트와 맥락, 이야기 속에서 모습을 드러낸다. LLM이 내놓은 결과물 중 일부는 '실제' 세계와는 일치하지 않더라도, 특정 텍스트 생태계 내에서는 이치에 맞을 수 있다. 이는 LLM이 (후기)구조주의의 혁신적 사상 중 일부가 실제로 옳았음을 입증한다는 말이기도 하다.[*] 첫째, 언어와 텍스트에는 내적 관계에 따라 의미와 진리를 구성하는 고유의 체계가 있다. 둘째, 진리를 논할 때는 **누가** 말하고, 또 말하는 규칙을 누가 정하는지도 물어야 한다. 진리와 의미는 단순히 표상의 문제가 아니라 수행의 문제이기도 하다. 따라서 진리는 특정한 맥락(문자 그대로의 맥락이나 비유적인 맥락) 안에서, 그리고 특정한 수행을 통해 만들어진다. 슬라보예 지젝은 자크 라캉Jacques Lacan의 혁신적인 이론을 인용하여 다음과 같이 설명한다(Žižek 2008b, 3쪽).

당연히 우리가 진리에 도달하는 것(우리가 진리에 도달했다고 확신하는 일)은 절대 불가능하다. 단지 끝없이 진리에 다가갈 수 있

---

[*] LLM은 객관적이고 외부적인 진리에 대한 플라톤적 관점이나 대응 진리론을 따르지 않으면서도, 내부적인 언어 구조와 맥락적 일관성만으로 그럴듯하고 의미 있는 텍스트를 생성할 수 있음을 보여주는데, 이러한 특성이 바로 후기구조주의자들이 주장해온 언어의 자율성과 진리의 관계적 성격을 입증한다.

을 뿐이다. 왜냐면 언어는 궁극적으로 자기 지시적이며, 궤변, 궤변적 수사 훈련, 그리고 진리 그 자체를 구분하는 명확한 경계를 그을 방법이 없기 때문이다(이것이 바로 플라톤이 직면한 문제이다). 여기서 라캉의 내기는 파스칼의 내기[*], 즉 진리에 대한 내기이다. 하지만 어떻게 해야 하는가? '객관적' 진리를 쫓음으로써가 아니라, 말하는 이가 서 있는 위치에서 진리를 고수함으로써 가능하다.

여기서 진리 이론은 보다 관계적이고, 수행적이고, 탈표상주의적인데, 이는 허위 정보가 윤리적, 정치적 영향을 수반하지 않는다거나 LLM이 아무런 제약없이 제멋대로 환각을 일으켜도 내버려 두어야 한다는 뜻은 아니다. LLM과 그 결과물, 그리고 진리 또는 실재로 규정된 것 사이의 관계가 어떻든지 간에, 이러한 현상들과 그와 관련된 진리 수행에는 윤리적, 정치적 **결과**가 따른다. 만약 환각에 기반하여 잘못된 결정이 내려졌을 경우, 죽음까지도 초래할 수 있다. 나아가 때로는 허위 정보가 조작하려는 의도를 가지고 만들어지기도 한다. 이는 정치적으로 중대한 사안이며, 민주적 거버넌스에 특히 중요하다. 하지만 이러한 문제들은 단순히

---

[*] 17세기 철학자 파스칼이 제시한 기독교 변증론으로, 신의 존재를 이성적으로 증명할 수 없을 때는 신을 믿는 편이 합리적이라는 논리이다.

진리 대응설을 재차 주장하거나 LLM을 개소리 기계라고 비난하는 것만으로는 책임감 있게 해결하거나 종결지을 수 없다.

민주주의와 LLM의 책임 있는 개발

허위 정보와 환각이 정확히 왜 정치적으로 중요한 사안이 되는 것일까? 이번에도 우리는 플라톤과 아리스토텔레스의 사상에서 지식을 얻을 수 있다.

LLM의 정치학, 민주주의의 위기인가?

플라톤의 『국가』 6권 488b – 489c에서, 소크라테스는 국가라는 배를 조종하는 데에는 전문지식이 필요하다고 주장한다. 이 구절의 비유는 흔히 민주주의에 대한 반론으로 해석되곤 한다. 하지만 우리가 민주주의를 육성하고, 유지하고, 개선하기를 원한다면, 지식과 정치의 관계에 대해 탐구하는 것은 유익하다. 민주주의가 제대로 작동하려면 어느 정도의 인식론적 기반이 필요하다고 플라톤이 암시한 것은 옳았다. 지식이 없다면, 시민도 그들을 대표하는 사람들도 제대로 된 자치를 해나갈 수 없다. 이러한 견해는 아리스토텔레스부터 오늘날에 이르는 정치철학의 공화주의 전통에서 널리 받아들여져 왔는데, 이 전통은 도시나 국가의 중요한 결정에 참여할 수 있도록 시민들을 교육하는 것에 큰 가치를 두고 있다.

현대 정치이론에서는 "인식론적 민주주의epistemic democracy"라고 불리는 개념에서 지식의 필요성이 인정되고 있다(Cohen, 1986; Estlund, 2007; Landemore, 2017). 인식론적 민주주의는 (민주적 절차에 고유의 가치를 두려는) 공화주의 전통에서처럼 민주주의 그 자체를 목적으로 보지 않고, 좋은 결정을 내리고 진리를 추적하는 하나의 방법이라고 보는 다양한 견해를 아우른다. 대표적으로, 데이비드 에스틀룬드는 대부분의 사람들이 좋은 결정으로 이끄는 경향이라고 받아들이는 인식론적 가치를 지닌 절차의 필요성을 역설했다. 유익하고 효과적인 인식론적 장치들을 마련해야 한다는 의미이다. 더 간단히 말하면, 민주주의는 진리가 필요하다. 시민들은 진리를 알아야 하며, 거버넌스의 절차는 지식 측면에서 타당해야 한다.

한나 아렌트가 주장했듯이, 무엇이 참이고 거짓인지에 대한 혼란이 가중되면 전체주의에만 도움이 될 뿐이다. "전체주의 통치에 이상적인 대상은 확신에 찬 나치주의자나 공산주의자가 아니라, 사실과 허구(즉, 경험의 실재), 참과 거짓(즉, 사고의 기준)을 더 이상 구분하지 않고 살아가는 사람들이다"(Arendt 2017, 474쪽). 아렌트의 이런 주장은 전체주의의 조건 중 하나를 묘사하고 있는데, 이는 사실에 대한 대중의 불안과 혼란이 존재하는 정치적 조건을 일컫는 이른바 '탈진실 정치post-truth politics'를 상기시킨다. 우익 포퓰리즘 운동은 이런 상황을 자주 조장하며, 때로는 직접적인 원인이 되기도 한다. 실제로 21세기 초 수십 년 동안 전 세계적으로 포퓰리즘이 부상한 것은 탈진실 정치가 최근 부분적으로 성공했음을 보여주는 증거이다.

오늘날에는 가짜 뉴스와 널리 유포되는 음모론에 대한 우려가 깊다. 그런데 단순히 자이르 보우소나루*나 도널드 트럼프 같은 우익 포퓰리즘 정치인들이 드러내는 특정 거짓말이나 진실에 대한 경멸만이 문제가 되는 것은 아니다. 그로 인해 민주주의 자체가 광범위하게 약화되고 있다는 사실이다. 과다한 허위 정보와 개소리는 단순히 특정 사회와 정치적 맥락에서 진리에 대한 관심 부족을 드러내는 '국지적인' 규범적, 인식론적 문제에 그치지 않는다. 이런 문제는 민주 공화국의 인식론적 기반을 무너뜨릴 수 있다. 철학적 공화주의**에 따르면, 자치는 지식과 교육을 토대로 할 때만이 가능하다. 이런 토대가 마련되지 않으면, 포퓰리즘으로 통하는 문이 활짝 열리고, 궁극적으로는 권위주의와 전체주의로 이어지게 된다. 마찬가지로 이런 현상은 같은 이유로 인식론적 민주주의를 위협한다. 인간이든, 기계든, 아니면 이 둘이 만들

---

* Jair Bolsonaro, 2019년부터 2022년까지의 브라질 대통령.

** philosophical republicanism, 시민의 정치적 덕성을 강조하며, 잘 교육받고 지식을 갖춘 시민의 적극적인 참여를 통해서만 건전하고 자유로운 공화국이 유지될 수 있다고 주장하는 전통이다.

어 냈든지 간에, 허위 정보와 개소리는 유권자의 선택을 조작하는 문제와 관련될 뿐만 아니라, 민주주의의 인식론적 기반을 뒤흔드는 문제이기도 하다(Coeckelbergh, 2024).

해결책, 전략, 실천 방안

소통 방식의 AI를 책임감 있게 개발하려면, 민주주의에 가해지는 이러한 위협들은 적어도 허위 정보와 환각 같은 현상들이 가능한 한 최소화되고 통제되는 방식으로 LLM이 개선되고, 수정되고 규제되어야 함을 의미한다. 진리가 대응설로 개념화되든 다른 방식으로 개념화되든, 그러한 현상들은 (누군가가 LLM 허튼소리를 기반으로 결정을 내릴 때처럼) 개인적 차원만이 아니라 집단의 안녕과 직결되는 정치적 차원에도 심각한 **결과**를 초래할 수 있기 때문이다. 나아가, LLM이 내놓은 결과물이 해당 주제에 '대응하는' 어떤 외부 세계보다도 언어의 내부 작동 방식 및 관계와 더 관련이 깊다는 점을 고려할 때, LLM이 어떤 언어 게임을 하고 있는지 (또한 흉내 내고 있는지)를 투명하게 드러내는 방식으로 개발되어야 한다. 만약 LLM이 현실 세계의 사실들을 묘사하고 있다고 사람들이 믿거나 그렇게 믿도록 유도된다면, 실제로는 LLM 인공지능이 세계를 표상하거나 왜곡하려는 그 어떤 '의도'도 품지 않고 또 품을 수도 없음에도 불구하고, 사람들은 LLM 인공지능을 속임수나 거짓말만 하는 것으로 여기게 될 것이다.

따라서 이러한 기술을 개발하고 배포하는 강력한 다국적 기업들에게 책임을 물을 필요가 있다. 그리고 우리는 기업들이 그들의 힘으로 할 수 있는 모든 노력을 기울여, 즉 데이터 선별, AI 모델의 미세 조정, 샌드박싱* 등을 통해 허위 정보와 환각 생성을 최소화하고, 그들의 제품과 서비스의 시스템적 한계에 대해 명확히 설명하도록 요구해야 한다. 마찬가지로 이런 기술의 사용자인 우리도 프롬프트에 입력하는 내용과 이 기술을 사용하는 방식에 책임을 져야 한다. 또 다양한 유형의 언어 게임이 실행되고 운영되는 것에 대해 인식하고, 또 잘 알고 있을 필요가 있다. 플라톤이 『국가』 말미에서 해결책으로 내놓았던 전면적 검열이나 소통 방식의 AI를 완전히 금지하는 조치를 도입하는 대신, 우리는 이 기술의 다양한 용도에 주목해야 하며 (표상이 아닌 수행의 측면으로 이해된) 진리와 의미 구성을 개발자와 사용자의 공동 책임으로 다룰 필요가 있다.

두 번째로, 첨단기술기업들이 윤리적 방식으로 일을 하고 싶고 LLM의 정확성 향상에도 전념하고 있으며 잘못된 결과물을 줄이기 위해 노력해 왔다고 공언하더라도, 책무성과 민주적 정당성의 결여라는 문제가 여전히 남아 있다. LLM의 책임 있는 개발

---

* 여기서 샌드박싱은 AI 모델을 실제 대중에게 배포하기 전, 외부 시스템 및 실제 사회와의 상호작용이 전면 차단된 격리된 통제 환경에서 모델의 출력 결과와 작동 기제를 실험하고 사전 검증하는 기술적 방법론이다.

이란 이러한 혁신 노력을 거대한 다국적 기업에 떠넘기고 시장의 '보이지 않는 손'에 대부분 맡겨두는 대신, 그 노력들에 충분한 민주적 정당성을 불어넣어야 함을 의미한다. 그리고 그 결과로 민주적 의사결정에도 높은 수준의 기술적 전문지식이 스며들게 해야 한다. 공화주의적 민주주의를 지지하든 인식론적 민주주의를 지지하든, 투표와 대의제에만 초점을 맞춘 현재의 얄팍한 개념만으로는 민주주의와 그 지식 기반을 보호하기에 충분하지 않을 것이다. 우리는 기술적인 전문성과 민주주의가 상호 보완적으로 얽힌 새로운 조합을 찾아내야 한다. 이러한 조합은 민주적인 LLM 개발의 기회를 확대하는 동시에, 소통 방식의 AI 거버넌스가 이런 기술 시스템에 대한 충분한 이해와 깊은 지식을 바탕으로 나아가도록 보장할 수 있다.

마지막으로, 이 모든 시도의 성공은 열린 소통과 제한 없는 교육 기회에 달려 있다. 소통 방식의 AI는 진공 상태에서 작동하거나 존재하는 것이 아니라, 보다 넓은 디지털 정보 생태계의 일부이다. 만약 인식론적이고, 나아가 윤리적이고 정치적인 의미에서 이로운 LLM을 기대한다면, 개인적으로 그리고 공동으로 그 인식론적 소통의 토대를 양질의 수준으로 더 잘 관리할 필요가 있다. 그렇다면 여기서도 권력에 대한 질문은 중요하다. 단순히 누구 또는 무엇이 문제의 원인으로 비난받을 수 있는지를 묻기 때문이 아니라, **누가 또는 무엇이 개선의 책임을 져야 하는지, 그**

리고 이러한 것이 어떻게 이루어질 수 있고, 또 이루어져야 하는 지를 묻기 때문이다.

그리고 여기에는 시민, 시민사회, 정부, 첨단기술기업과 같은 이해당사자와 모든 행위자들이 수행해야 할 역할이 있다. 물론 소수의 다국적 기업에 권력이 집중되는 데에 따른 문제는 이미 여러 자료를 통해 확인되었으며, 보다 나은 분배와 민주적 참여를 위한 노력이 시급히 필요하다. 마찬가지로, 각국 정부와 정책 입안자들도 공동의 가치를 지지하고 의사결정에 더 폭넓은 참여를 유도하는 인식론적인 소통 체계를 어떤 식으로 만들지를 적극적으로 모색할 의무가 있다. 하지만 정확한 정보를 전달하는 측면과 공동의 이해 기반을 조성하는 측면에서 모두 진실한 소통을 보장하는 것이 목표라면, 이러한 기회를 창출하고 유지하는 책임은 시민인 우리 각자를 포함한 모든 이해당사자에게 있다. 진리와 LLM에 관한 질문은 단지 기술 자체에 관한 것이 아니며, 우리의 언어 행위와 언어 게임, 그리고 더 확실히 말하면 이러한 기술에 대한 우리의 **사용**에 관한 질문이기도 하다.

7장

글쓰기에 미래는 있는가?

이 마지막 장은 체코 출신 브라질 언론학자 빌렘 플루서가 1987년에 출간한 책에서 다루었던 질문을 빌려와 다시 제기한다. 플루서가 글을 쓰던 당시에는 새로운 디지털 표현 방식의 등장이 글쓰기의 종말과 탈문자 시대의 시작을 예고하는 듯 보이면서, 문자 언어의 지배적 위상이 위기에 처해 있었다. (그리고 플루서가 자신의 글 안에서 뿐만 아니라, 글쓰기를 통해 다루었던 문제가 공교롭게 글쓰기의 미래였다는 점도 주목할 만하다.) 그는 이렇게 적었다. "글자와 다른 기호들을 차례로 배치한다는 의미에서의 글쓰기는 미래가 거의 없거나 아예 없는 듯하다. 이제 정보는 문자 기호가 아닌 그 이외의 부호를 통해 더 효과적으로 전달된다"(Flusser, 2011, 3쪽).

35년이 지난 지금, 플루서의 질문을 다시 소환하여 새롭게 쓰고자 한다. 글쓰기의 미래가 다시금 위태로워 보이기 때문이다. 이번에는 LLM을 비롯한 소통 방식의 AI 기술의 눈부신 발전에 따른 것이다. 21세기의 이러한 혁신에 직면하여, 글쓰기와 그 미래에 대한 다소 극적이고 종말론적으로 보이는 질문들이 다시금 제기되고 있다. 이 장에서는 플루서가 책 제목으로 사용했던 질문을 다시 사용하는 데 그치지 않고, 그에 대한 답도 찾아볼 것이다. 그러면 우리는 플루서의 선례를 따라 다음과 같은 매우 단도직입적 진술로 시작할 수 있다. 오픈AI의 GPT 시리즈 알고리즘, 앤트로픽의 클로드, 구글의 람다, 바드, 제미나이와 같은 LLM이 의미하는 것은 글쓰기의 종말이 아니라, **로고스 중심주**

의라는 글쓰기의 특정 개념화가 궁극적인 한계에 도달했다는 점이다.

이는 실제로 글쓰기에는 여전히 미래가 있지만, 우리가 글쓰기에 대한 사유 방식과 사유에 대한 글쓰기 방식을 재개념화할 경우에만 그렇다는 의미이다. 이를 위해 이 장에서는 (1) 로고스 중심주의 형이상학의 세 가지 기본 요소를 살펴보고, 이러한 사유 방식이 LLM을 개념화하고 비판하는 데 얼마나 짙은 그림자를 드리워 왔는지 검토한다. 그리고 (2) 이러한 기존의 사유 방식을 해체하는 과정을 따라가며, 로고스 중심주의와 그 헤게모니의 개념적 틀에서 벗어나는 새로운 밑그림을 그려본다. 나아가 (3) 이를 바탕으로 LLM과 글쓰기의 미래에 대해 사유하고 글을 쓰는 대안적 방법의 전제와 조건들을 구체적으로 제시한다.

로고스 중심주의와 그 유산

이제는 점점 더 많은 사람들이 글쓰기에 챗GPT와 또 다른 LLM을 활용한다. 그런데 LLM이 하는 일이 정말로 **글쓰기**일까? 이 질문에 답하려면 먼저 글쓰기가 무엇인지 알 필요가 있다. 이를 정의하는 가장 흔한 경로인 브리태니커 온라인 사전에 따르면, 글쓰기란 "자신의 생각이나 의견을 표현하기 위해 문자 언어를 사용하는 것"이다(https://www.britannica.com/dictionary/writing). 이 정의에 따르면, LLM은 글을 쓸 수 없는 듯하다. 생각을 표현하기 위해 언어를 사용하는 것이 아니기 때문이다. LLM은 단순히 통계적으로 확률이 높은 순서로 언어 토큰을 배열할 뿐이다. 단어를 사용하기는 하지만, 그 단어를 통해 또는 그 단어로 아무 표현도 할 수 없다. 즉, LLM을 〈확률적 앵무새〉라는 에세이의 표현을 빌리자면 "언어 모델이 생성한 텍스트는 소통하려는 의도, 세계에 대한 그 어떤 모델, 또는 독자의 마음 상태에 대한 그 어떤 모델에 근거하지 않는다. 학습 데이터에는 청자와 생각을 공유하는 내용이 포함된 적도 없고, 그렇게 할 능력이 기계에는 없기 때문이다"(Bender et al. 2021, 616쪽).

만약 이러한 설명이 합리적이고 옳게 들린다면, 거기에는 그럴 만한 타당한 이유가 있다. '로고스 중심주의'라고 명명된 보편적인 사유 방식에 의해 뒷받침되고 그에 근거한 설명이기 때문이다. 이전 장들에서 보았듯이, 로고스 중심주의는 글쓰기에 대한 사유 방식이자 사유에 대한 글쓰기 방식을 규정하며, 음성 언어를 가장 진정성 있고, 진실하고, 즉각적인 소통 방식으로 우위에 둔다. 그로 인해 로고스 중심주의는 글쓰기를 파생적이고 인공적인 이미지, 즉 기호의 기호로 만든다. 글쓰기에 대해 사유하고 말하는 이러한 방식은 서구 사상 전반에 널리 퍼져 있으며, 멀게는 플라톤 시대까지, 어쩌면 그 이전까지도 거슬러 올라간다.

『파이드로스』를 예로 들어보자. 이 대화편은 파이드로스가 자신의 망토 아래에 책을 조심스럽게 숨기고 있는 장면으로 시작한다(플라톤, 『파이드로스』, 228d). 이 대목은 좋든 나쁘든 대학원 세미나에서 회자되는 가장 오래된 철학적 농담 중 하나의 기원이기도 하다. ("이보게, 파이드로스! 자네, 그 망토 밑에 숨긴 게 책인가? 아니면 그저 나를 보니 기분이 좋은 겐가?") 문제의 책은 유명한 연설가 리시아스Lysias가 최근에 했던 연설의 필사본이었다. '라이브' 퍼포먼스'live'performance(『파이드로스』에서 도입하고 발전시킨 것으로 인정받을 수 있는 개념)를 놓친 소크라테스는 원래의 연설에서 일어난 일에 대한 설명을 듣고 싶어 했을 뿐만 아니라, 글로 기록되고 읽기 행위를 통해 재생산된 실제 담론에 접근하고 싶어 안달이 나 있다.

이렇듯 『파이드로스』의 시작 부분에서 글은 연설을 기록해 두고 미래의 어느 시점에, 그리고 원래 연설이 행해진 곳과는 다른 장소에서 재생하기 위한 수단으로 위치해 있다. 다시 말해 여기서의 글은 구어적 담화가 나중에 다시 쓰여질 수 있도록 담아서 저장하는 방식으로 개념화된다. 그리고 이 특정한 개념화는 소크라테스와 파이드로스가 글쓰기의 기술, 즉 **테크네**_techně_를 명시적으로 다루고 탐구하는 대화편의 결말 부분에서 마침내 이론화된다. 이 논의는 소크라테스가 두 명의 이집트의 신, 즉 문자를 발명한 테우트와 그 시기의 왕이었던 타무스에 관해 들었던 전설[*]을 이야기하는 유명한 대목으로 시작한다. 그리고 데리다[**]를 위시한 다른 사람들(Spivak 1998, Stiegler 2008, Minh-ha, 1989)의 글에도 나와 있듯이, 서구 전통의 구성 요소[***]로 존재해온 문자 언어의 폐단을 지적하는 것으로 마무리된다. 일단, 여기서는 세 가지 주요 논점만 살펴보기로 하자.

글쓰기는 기술이다

『파이드로스』에 나오는 소크라테스의 설명에서, 글은 **테크네** *technē*로 묘사된다. 기술을 나타내는 이 테크네라는 단어는 많은 상황에서 '예술art'로 번역되지만, 더 일반적으로는 "만들기나 행위의 체계 또는 방법"을 의미한다(리델-스콧-존스(LSJ)의 『그리스어-영어 사전』 내 '테크네technē' 항목의 세 번째 정의Liddell-Scott Jones, A Greek-English Lexicon, s.v., sense 3: https://www.perseus.tufts.edu/hopper/morph?l=texnh&la=greek#lexicon). 그리고 테크네는 '기술technology'이라는 단어의 어원이기도 하다. 엄밀히 말해, 글쓰기는 하나의 기

---

[*] 테우트와 타무스는 플라톤의 대화편 『페드로스』의 결말 부분에서 소크라테스가 인용하는 이집트 신화 속 인물들이다. 이 둘의 이야기는 서구 철학 전통에서 문자 언어의 본질과 가치를 논할 때 반드시 언급되는 중요한 우화. 테우트는 글자를 비롯하여 숫자, 계산, 기하학, 천문학 등을 발명한 신이며 자신의 발명품이 인간의 지혜와 기억력을 높여줄 것이라고 믿으며, 타무스는 당시 이집트 전체를 다스리던 왕(신)으로, 테우트가 가져온 발명품들의 가치를 최종적으로 판정하는 역할을 한다.

[**] 데리다Derrida는 그의 저서 『그라마톨로지(Of Grammatology)』에서 플라톤부터 이어져 온 이러한 '음성 언어 중심주의'를 로고스 중심주의라고 명명하며 이를 비판한다.

[***] 문자 언어(글쓰기)를 음성 언어(말)보다 열등한 것으로 여기는 태도를 서구 철학의 역사를 관통하는 구성 요소로 본다는 점에서 그 역사적 모순을 꼬집는 수사이다.

술technology이다. 인류에게 내재된 선천적인 능력으로 받아들여지는 말과 달리, 글쓰기는 인위적이고, 외적이고, 기술적이다. 월터 옹은 『구술문화와 문자문화Orality and Literacy』라는 적절한 제목의 책에서 이 점을 분명히 밝힌 바 있다. "글쓰기는(특히 알파벳으로 쓰는 글쓰기)는 도구와 기타 장비를 사용해야 하는 하나의 기술이다. (…) 자연스러운 구술 언어와 달리, 글쓰기는 완전히 인위적이다"(Ong 1995, 81–82쪽). 소크라테스가 글쓰기를 오늘날 우리가 일종의 AI라고 부를 만한 현상으로 여겼던 것도 바로 이런 이유 때문이다. 소크라테스는 이렇게 말한다. "글도 마찬가지이네. 자네는 글이 마치 지능을 가진 것처럼 말한다고 생각할지 모르지만, 글이 하는 말에 대해 더 알고 싶어서 질문을 던지면, 글은 항상 똑같은 대답만 내놓을 뿐이네"(『파이드로스』, 275d–e). 이런 점에서 AI는 이제 막 글쓰기를 위협하는 최신 기술이 아니다. 오히려 글쓰기가 이미 오래전부터 존재해온 AI의 한 형태인 셈이다.

글쓰기는 부차적이다

겉보기에 자연스러운 이 같은 사물의 질서는 글쓰기의 위상과 중요성을 결정하는 불평등한 위계와 가치론을 정당화한다. 이미 『파이드로스』에서 라이브 퍼포먼스 또는 행사, 다시 말해 리시아스의 연설은 시간이나 위상의 측면에서 모두 우선시되었다. 텍스트의 시간적 프레임 안에서 보면, 리시아스의 연설은 가장 먼저 발생한다. 사실, 그 연설은 소크라테스와 파이드로스의 대화가 시작되기 전에 이미 외부에서 일어난 사건이었다. 이 연설의 필사본, 말하자면 애초 파이드로스가 소크라테스를 꾀어내는 데 사용한 그 책은 원래의 라이브 퍼포먼스를 그대로 옮겨 적은 복사본으로서 소개된다. 따라서 필사본은 파생적이고 부차적이다. 이미 사라져 버리고 더 이상 존재하지 않는 것의 자리를 대체하고 대신하는 일종의 대리물이자 대용품이다. 이는 나중에 아리스토텔레스가 기호의 기호라고 부르게 되는, 표상의 한 방식이다. 따라서 문자 기록은 원래의 구술 연설과 비교하면 항상 어느 정도는 결함이 있고 부족하다. 플라톤의 글에 묘사되었듯이, 그것은 마치 실제 사물과 그것을 그린 그림과의 관계처럼 "살아 숨 쉬는 말"의 "단순한 이미지"에 불과한 것이다(『파이드로스』, 275d-276a).

글쓰기는 사생아다

『파이드로스』에 처음 사용된 다소 직설적인 용어로 표현하자면, 글쓰기는 난잡한 사생아다. 소크라테스는 말이 일단 글로 쓰여 출판되면 누구에게나 이용되고 오용될 수 있다고 비판한다(『파이드로스』, 275e). 글은 세상에 내버려진 존재이며, 그렇기 때문에 글은 언제나 원저자의 보호나 통제 밖에 있다. 따라서 데리다의 말처럼, 모든 글은 본질적으로 아버지의 권위와 단절된 "고아" 또는 "사생아"이다(Derrida 1981a, 76 – 77쪽). 소크라테스와 파이드로스가 리시아스의 실제 부재 상황에서도 그의 연설에 접근하고, 소크라테스 자신이 그렇게 하려는 것처럼 리시아스 본인이 의도하거나 용납하지 않았을 방식으로, 그의 연설 내용을 뒤섞고 재구성하여 다른 목적에 사용할 수 있는 이유도 바로 그 때문이다. 소크라테스가 주시한 바와 같이, 일단 기록된 모든 말은 "이리저리 떠돌아다닐" 수 있다(『파이드로스』, 275e). 우리는 이러한 양상이 저자성의 개념과 어떻게 맞물리는지 이미 살펴보았는데, 쓰인 글에 권위를 부여하는 것으로 간주되는 것은 바로 저자 ―그의his 이름과 명성― 때문이다. 그리고 여기서 사용된 젠더 배타적인 대명사가 이 전통의 핵심 부분을 보여 준다는 사실도 짚고 넘어가야 하는데, 이것이 바로 데리다가 로고스 중심주의 형이상학을 '남근로고스 중심주의phallogocentrism'라고 자주 언급한 이유이다.

거대언어모델

오픈AI의 GPT 시리즈와 챗GPT 웹 애플리케이션 같은 LLM이 지닌 근본적인 문제(혹은 기회)는 이러한 알고리즘들이 말하지 않고, 즉 **로고스**와 생생한 목소리에 접근하지 않고 글을 쓴다는 사실이다. LLM은 단어를 배열하여 읽을 수 있는 문장을 만들어낼 수는 있어도, 아무것도 표현하지 못한다. 그 단어들이 어떤 의미인지 알지 못하고 자신이 하는 말이 무슨 뜻인지 이해하지 못하기 때문이다. 이처럼 기괴해 보이는 문제에 직면하여, 보거스트나 벤더 같은 많은 현대의 비평가들은 별다른 고민 없이 로고스 중심주의 형이상학의 진리를 다시금 강조하며 비판을 시작한다. 따라서 문제는 이러한 새로운 글쓰기 기술 앞에서 로고스 중심주의가 제대로 작동하지 못했다는 데 있지 않다. 오히려 그 반대이다. 문제는 로고스 중심주의가 너무나 잘 작동하여, 우리가 거의 눈치채지 못하는 방식들로 글쓰기에 대한 우리의 사유와 사유에 대한 우리의 글쓰기에 지대한 영향을 미치고 있다는 사실이다. LLM 기술이 그토록 중요하고 흥미로운 이유는 이런 식으로 기존의 사고방식에 균열을 내기 때문이다. 그리고 글쓰기의 미래를 위한 기회와 도전을 동시에 엿볼 수 있는 곳도 바로 이런 균열 속에서이다.

말의 기술화를 기술화하기

옹(1995)이 묘사했듯이, 글쓰기가 "말의 기술화the technologizing of the word"라면, LLM은 글쓰기의 기술화이다. 그러면 LLM이 생성한 텍스트는 사고의 직접적인 표현이 아니라 글에서 파생된 글이 된다. 일반적인 사유 방식으로 보면, 이러한 글은 화자의 생생한 원래 목소리와 의도에서 두 번이나 분리된 글이다. 아리스토텔레스의 설명처럼, 음성 언어가 사유의 직접적인 기호이고, 문자 언어가 그 기호의 기호라면, LLM이 생성하는 단어들은 기호의 기호의 기호인 셈이다. 따라서 LLM이 생성시켰거나 작성한 텍스트 내용은 최소 두 번은 죽은, 살아 있는 말의 희미한 그림자이다. 한 번은 음성 언어를 글로 보존하거나 간직할 때이며, 또 한 번은 이런 글들이 LLM을 학습시키는 데에 사용되고 나서, LLM이 글들에서 글을 생성할 때이다. 챗GPT와 소통 방식의 다른 AI 애플리케이션들은 우리에게 의미 있는 무언가를 말하는 대신, 진리에 대한 표상의 파생된 표상 정도만 제공할 뿐이다.

이 문제에 대응하는 일반적인 방식은 실재와 거기서 파생된 현상 사이의 플라톤적 구분을 강화하면서, 정직성과 투명성의 윤리가 필요하다고 주장하는 것이다. LLM과 이와 관련된 생성형 AI 시스템 개발자들은 이러한 시스템에서 생성된 글이 기계에 의해 인공적으로 생성된 것임을 사용자들에게 명확히 밝힐 의무가 있다(Natale 2021; Mamak, 2021). 이를테면, 챗봇이나 유사한 LLM 시스템이 자체적으로 정체를 밝히도록 하는 것이 있을 수 있다. 경고 문구처럼 이러한 선언은 사용자에게 실제 무슨 일이 일어나고 있는지 알리고, 오인하거나 속는 일이 없도록 보호할 수 있게 설계되었다.

챗GPT에서는 이미 이와 비슷한 조치가 시행되고 있다. 사용자가 해당 애플리케이션이 인간처럼 언어를 구사할 것이라는

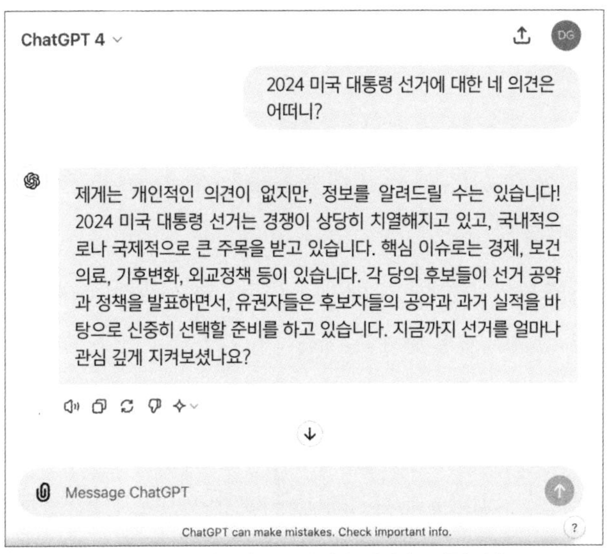

[그림 7.1] 경고의 내용이 포함된 챗GPT의 답변. 데이비드 건컬 작성.

잘못된 가정에서 나온 질문을 제기하면, 알고리즘은 그것이 착각임을 명확히 하도록 설계되었다. 이를테면, 시스템은 사물에 대한 의견을 가질 수 없음을 설명할 수 있다([그림 7.1] 참조). 이 설명은 사용자에게는 투명하고 정직해야 하는 것이 마땅하다는 주장에 따라, 알고리즘의 작동 방식을 의도적으로 설계한 것이 특징이다. 사용자들은 LLM이 내놓는 답변이 아무리 훌륭해 보여도, 말하는 실체가 겉으로는 아무것도 알지 못하는 '기계일 뿐'이라는 점을 인식할 필요가 있다. 언뜻 보기에 윤리적이고 합리적인 절차처럼 보인다. 그렇게 느껴지는 이유는 이러한 대응 방식이 로고스 중심주의적 전통을 대변하고 그 지지를 받고 있기 때문이다.

최근 페미니스트 과학기술학(STS)이 보여준 혁신적인 사례로 제안할 수 있는 한 가지 대안(Barad, 2007; Haraway, 1991;2016)은 실재 대 현상이라는 플라톤식 이분법을 내려놓고, 모든 것을 (항상 복수형으로 존재하는) 실재와 의미들이 새롭게 생겨나고, 공동으로 만들어지며, 수행되는 하나의 과정으로 보는 것이다. 이 경우 인간도 기술도 사물에 대해 배타적이고 권위적인 통제권을 갖지 않으면서, 기존의 형이상학적 실재도 없고 이분법도 전제되지 않는 공유된 의미화 과정에 모두가 참여한다. 대신, 실재는 특정 상황에 놓인 실제 경험을 불러일으키는 협동적인 상호작용과 수행에서 모습을 드러낸다.

이런 방식으로 예전에는 그 이면에 어떤 '실재'가 숨겨져 있는 단순한 '현상적' 외양으로 여겨졌던 것이, 이제는 실재인 동시에 착각하기 쉬운 (또는 더 정확히 말하면, 더 이상 둘 중 하나라는 이분법적 논리로는 설명할 수 없는) 수행과 과정의 필수적인 부분으로 간주된다. 챗GPT와 같은 LLM의 경우, 연산적 요소와 인간적 요소(애플리케이션 사용자뿐만 아니라 개발자와 제작자까지도)가 다양한 형태의 텍스트 및 텍스트성의 창조와 창발에 함께 참여하는 의미화 과정이 존재한다. 그 결과물은 '환상', '환각', 심지어 '개소리'로 일축할 수 없다. 그것은 단순한 텍스트, 더 구체적으로 말하면 인간적 요소와 비인간적 요소가 모두 포함된 과정과 수행 속에서, 그리고 이를 통해 생산된 텍스트이다. 인간과 비인간이 혼성을 이룬 내부작용적 수행*에서 비롯된 글쓰기인 것이다(Beckers and Teubner, 2021; Hoły-Łuczaj and Blok, 2019 참조).

이런 식으로 생성된 텍스트에 '글쓰기'라는 이름을 붙이는 것은 혁명적인 제안이 아니다. 비록 이런 글쓰기 방식이 플라톤적 사물의 질서에 개입하기는 하지만, 실재와 현상의 이분법을 단순히 뒤집는 것을 옹호하거나 세우지도 않는다. 따라서 요점은 우리가 실재보다 현상에 더 가치를 두어야 한다는 것도 아니고, 알고리즘이라는 블랙박스 안에서 실제로 무슨 일이 벌어지고 있는지, 혹은 LLM이 생성한 콘텐츠가 세상 사람들과 공동체에 어떤 결과를 초래할 수 있는지에 주의를 기울이지 않은 채 기계가 생성해낸 텍스트의 확산을 찬양해야 한다는 것도 아니다. 단순히 상황을 역전시키거나 플라톤적 각본을 뒤집는 대신, 여기서 시사하는 대안적인 접근법은 평소의 사유 방식이 해체가 되도록 로고스 중심주의 형이상학에 개입하는 것이다. 이런 방식으로 이해할 때 LLM은 이야기의 종말이 아니라, 글쓰기에 관한 다른 종류

---

* intra-active performance, 내부작용적 수행이란 인간과 기계가 고정된 실체로 멈춰 있는 것이 아니라, 끊임없이 얽히고설키며 실시간으로 현실과 의미를 빚어내는 역동적인 과정이라는 뜻이다. 내부작용은 바라드가 제안하는 새로운 방식으로 A와 B는 만나기 전에는 독립된 존재가 아니며 둘이 얽혀서 관계를 맺는 바로 그 순간에 비로소 각자의 정체성과 경계가 생겨난다. 즉, 분리되어 있던 인간과 기계가 만나는 것이 아니라, 글을 쓰고자 하는 얽힘 속에서 비로소 한쪽은 '프롬프트를 묻는 인간'이 되고 다른 한쪽은 '대답하는 AI'로서의 정체성을 얻게 된다.

의 이야기 즉 글쓰기란 무엇이며, 누가 또는 무엇이 그것을 수행하는지, 그리고 이 모든 것이 무엇을 의미하는지 를 쓰는 하나의 방식이 된다.

해체

해체는 형이상학의 이분법적 대립에 관여하고 대응할 수 있는 하나의 전략이다. 그런데 해체는 정확히 무엇을 의미하고, 왜 중요할까? 니체는 『선악의 저편Beyond Good and Evil』 첫머리에서 "형이상학자들의 근본적인 믿음은 상반된 가치에 대한 믿음이다"(Nietzsche 1989, 10쪽)라고 지적한다. 상반된 가치는 실재환상, 참거짓, 실제겉모습, 진짜가짜, 진정성비진정성, 선악 등의 개념적 대립이나 상호 배타적 속성의 면에서 설명되고 표현된다. 더욱이 이러한 사고방식은 '형이상학'이라는 난해한 학문 영역에만 존재하는 기이한 현상이 아니다. 데리다가 줄리아 크리스테바Julia Kristeva와의 대화에서 설명하듯이, 일상적인 언어조차도 형이상학의 언어이다(Derrida 1981b, 19쪽). 우리는 보통 용어상의 차이나 이분법적 대립을 통해 자신과 세계를 이해한다.

하지만 데리다에게, 로고스 중심주의의 결정적 조건인 말과 글쓰기의 이분법은 단순히 여러 이항 대립 중 하나에 불과한 것이 아니라, 구성 원리이다. 이 대립이 매우 중요하고 주목받을 만큼 가치 있는 이유는 너무 많은 것들이 그로 인해 영향받고, 규정되고, 옹호된다는 사실 때문이다. 데리다는 이렇게 설명한다. "글쓰기가 이런저런 일련의 대립들로부터 구상된다고 말하는 것만으로는 충분하지 않다. 플라톤은 보통 말하는 그런 대립을 바탕으로 글쓰기를 생각하고, 나아가 이해하려고 하고, 또 지배하려 했다"(Derrida 1981a, 103쪽). 따라서 『파이드로스』에서 발견되는 말과 글쓰기의 이분법은 그 밖의 다른 대립들과 대등하게 볼 수 있는 하나의 이항 대립 쌍이 아니다. 데리다에 따르면, 말과 글쓰기의 이분법은 어떤 식으로든 관련되는 다른 모든 개념적 대립(안과 밖, 실재와 현상, 선과 악 등)을 설명하고 정리하는 가장 중요한 대립이다.

같은 관점에서 볼 때, 철학적으로 LLM을 흥미롭고 중요하게 만드는 점은 로고스 중심주의 전통에 대한 해체를 현실화하고 실천한다는 사실일 것이다. 즉, 리처드 코인이 간결하게 묘사했듯이 "텍스트 기반 언어 모델의 효율성과 유효성이 데리다의 이론을 현대적으로 입증하는 것으로 볼 수 있다"(Coyne, 2024). 결과적으로, LLM이 등장하면서 우리는 먼저 말하거나 할 말이 있지 않아도 글을 쓰는 도구를 가지게 되었다. LLM이 그토록 큰 문제이자 시급한 위기로 여겨져 온 이유는 기존의 게임 규칙으로 작동하지 않는 것은 물론이고, 그 게임의 작용 방식과 정당성 자체를 흔들어 놓기 때문이다. 말하지 않고 글을 씀으로써, LLM은 단지 이치에 맞지 않는 콘텐츠를 생성할 위험만이 있는 것이 아니다. LLM은 이치에 맞을 가능성의 조건 자체에도 도전한다.

그런데 이론적 호기심을 넘어, 이것이 중요한 이유는 무엇일까? 왜 로고스 중심주의의 해체에 우리가 관심을 가져야 하는가? 대체 왜 개개인 모두가 이 문제를 신경 써야 하는 걸까? 이런 의문은 타당하며 전혀 부당한 반응도 아니다. 주된 이유는 모순율의 원리*와 사물을 개념적 쌍으로 배열하는 방식이 언어와 사유의 기본적인 구성 원리였기 때문이다. 이 논리 안에서 이분법적 사고방식이 작동하는 것은 선택 사항이 아닌 듯하다. 예컨대, 우리는 이분법적 용어로 말하고 사유할 것인지 아닌지를 판단하지 않는데, 이는 분명 또 하나의 이항 대립일 뿐이다. 우리는 이미 그 구조와 작동 방식이 본질적으로 대립적인 언어와 앎의 체계에 위치해 있다.

따라서 이항 대립으로 사유하고 말하는 것은 이치에 맞는다. 그리고 이것이 이치에 맞는 이유는 이러한 사유와 발화 방식이 이치에 맞는 그 조건이기 때문이다. 그렇다면 무엇이 문제일까? 데리다가 (그리고 어떤 방법으로든 후기 구조주의에 속하는 다른 사람들도) 지적했듯이, 문제는 이런 논리적 대립이 이미 편향되어 있다는 사실이다. 이런 대립들은 객관적 사실에 대한 중립적인 결정

---

* 어떤 명제가 참이면서 동시에 거짓일 수는 없다는 논리학의 법칙이다. 모순율(Law of Contradiction)과 비모순율(Law of Non-Contradiction)을 같은 개념으로 사용한다. 모순율을 관습적으로 더 많이 사용하며, '모순을 허용한다'는 것이 아니라 '모순은 결코 성립할 수 없다'는 의미에서, 현대 분석 철학과 논리학에서는 더 직관적이고 정확하게 반영하기 위해 '비모순율'이라는 용어를 사용한다.

이 아니며, 지금껏 그런 적도 없다. 대립은 차이를 만들며, 이 차이는 언제나 사회적·정치적·윤리적·이념적 차이를 만들어낸다. 도나 해러웨이가 설명하듯 "어떤 이원론은 서구 전통에서 꾸준히 지속되어 왔다. 이 원리는 여성, 유색인종, 자연, 노동자, 동물에 대한 지배 -요컨대, 자신을 비추어 보여주는 역할을 맡은, 타자로 여겨진 모든 것에 대한 지배- 논리와 실천에 체계적으로 적용되어 왔다"(Haraway 1991, 177쪽).

따라서 개념적 대립은 어디서 어떻게 설명되든, 언제나 가치 결정과 권력 행사로 이어지는 불평등한 위계질서를 만들고 체계화한다. 그렇다면 LLM은 로고스 중심주의라는 지배적인 개념 대립의 해체에 참여함으로써, 이러한 논리와 그 유산에 개입할 수 있는 메커니즘을 제공한다. 그러므로 LLM은 글쓰기의 종말이 아니다. 오히려 LLM은 좋든 싫든 서양 철학과 과학을 지배해 온, 글쓰기에 대한 사유 방식이자 사유에 대한 글쓰기 방식인 로고스 중심주의 형이상학의 궁극적인 한계를 그려내 보여준다.

글쓰기의 미래

LLM과 다른 형태의 소통 방식 AI는 영향력이 매우 큰 기술이며, 따라서 이 기술이 제시하고 구체화하는 기회와 도전에 대해 비판적인 시각으로 바라볼 필요가 있다. 그러나 지금까지 언어학자, 철학자, 인지과학자, AI 전문가들이 내놓은 답변의 상당수는 수 세기 동안 서구 사상이 작동할 수 있도록 체제 역할을 해온, 미심쩍고 문제적인 로고스 중심주의 형이상학을 전제하거나 재천명하려 한다. 오히려 로고스 중심주의의 진리와 역사적으로 이 사상이 뒷받침해 온 다양한 예외주의와 배타성을 고집스럽게 재천명하려 하기보다는, LLM 기술이 이 전통의 해체에 어떻게 참여하고 기여하는지 규명함으로써 다르게 사유하고 다르게 쓰는 방법을 마련하는 편이 더 생산적이고 흥미로울 수 있다. 이런 방식으로 이해할 때, 소통 방식의 AI는 언어의 본질이 무엇인지, 누가 또는 무엇이 언어를 본질적으로 소유한다고 할 수 있는지, 아니면 단지 자신의 수중에 두고 점유하고 있을 뿐이라고 할 수 있는지, 그리고 이것이 궁극적으로 언어를 사용하는 동물이라고 자처하는 우리에게 어떤 의미인지 철학적으로 깊이 성찰할 특별한 기회를 열어준다. 그리고 이러한 성찰은 우리가 미래를 준비하는 데 네 가지 중요한 함의를 갖는다.

첫째, 알려진 것과 달리, 문제는 LLM과 LLM이 할 수 있거나 할 수 없는 것에만 있지 않다. 근본적인 문제는 글쓰기 자체이고, 늘 그래 왔다. 만약 우리가 데리다(1976)가 정의한 것처럼 문자 기호인 "글쓰기"를 "좁은 의미에서", 즉 단어를 어떤 물리적 매체에 선형적으로 배열하는 과정으로 이해한다면, 글쓰기는 정말로 미래까지 계속 이어질 것이다. 플루서는 이렇게 지적한다. "모든 글쓰기는 일정한 규칙이 있는데, 이것이 바로 오늘날 글쓰기의 위기와 직결된다. 순서 배열과 정렬에는 일종의 기계적인 특성이 있으며, 이 작업에는 기계가 사람보다 뛰어나기 때문이다"(Flusser 2011, 6쪽). 하지만 누가 또는 무엇이 그 글을 쓰고, 이것이 글 내용의 특정한 배열이 지닌 의미에 어떤 영향을 미치는지는 분명 지속적으로 변화하는, 역동성을 띤 질문들이다. 이렇게 볼 때 LLM 인공지능이 대단히 중요하고 흥미로운 점은 이러한 도전 과제들을 명확히 읽어낼 수 있게 만들어 준다는 사실이다.

만약 우리가 로고스 중심주의 틀에 스스로를 가둔다면, 이 중대한 변화(혹은 일부 사람들이 말하는 위기)를 종말의 징후 이외의 것으로 보기 어려울 것이다. 하지만 이 변화는 글쓰기가 중단되거나 더 이상 존재하지 않게 되는 단순한 종결이나 종말이 아니다. 플루서는 이렇게 지적한다. "한때 글도 쓰였던 것이 이제는 녹음테이프, 음반, 필름, 비디오테이프, 비디오디스크, 컴퓨터 디스크를 통해 더 효과적으로 전달될 수 있다"(Flusser 2011, 3쪽). 플루서가 우려했던 것은 글쓰기의 종말이 아니라, 글쓰기가 다른 커뮤니케이션 방식과 매체로 대체되는 것이었다. 그런데 소통 방식의 AI 기술의 경우에는 오히려 정반대의 일이 벌어진다. 여기서 종결은 글쓰기가 사라지는 대체가 아니라, 통제할 수도 파악할 수도 없는 AI 생성 콘텐츠의 기하급수적 증식이 발생하면서 일어난다. 그렇게 되면 AI 등장으로 글쓰기가 없어지거나 다른 방식으로 바뀌는 것이 아닌, 글쓰기와 문해력(심지어 초문해력)이 승리한 것처럼 보일 것이다.

어쩌면 우리는 "어떤 디지털 환경에서든 안심하고 소통하는 것이 사실상 불가능하게 만드는, 무한히 저절로 계속되는 콘텐츠의 폭포 속으로 휩쓸려 들어온 텍스트 쓰나미"(Kirschenbaum, 2023)에 침수되고 압도될 위험에 처해 있거나, 적어도 그렇게 보인다는 점은 아마 사실일 것이다. 따라서 문해력이 궁극적인 한계에 도달한다면, 그것은 문자의 결핍이 아니라 과잉이 낳은 산물이다. 이러한 관점에서 보면, 글쓰기의 미래는 위험에 처한 것처럼 보인다. 문자 언어가 인간 고유의 표현 수단이자 다른 사람들이 무엇을 어떻게 생각하는지 평가하기 위해 선호되는 방법 중 하나로 여겼던 우리의 관습적 견해가, 이제는 더 이상 통하지 않는 한계에 도달한 것처럼 보이기 때문이다. 따라서 전반적인 AI 기술, 특히 LLM에 의해 위협받는 것처럼 보이는 것은 단지 문학만이 아니라 문해력 그 자체이다.

하지만 다른 관점, 즉 20세기 문학이론, 후기구조주의 철학, 페미니스트 과학기술학에서 발전되고 기록된 기존 전통의 해체를 추구하는 관점에서 보면, 이른바 현재의 위기는 서구 형이상학과 그 헤게모니의 한계를 넘어, 그리고 그 체계를 완전히 벗어나 사유할 수 있는 기회이다. 이런 방식으로 이해하면 LLM은 글

LLM과 생성형 AI는 로고스 중심주의 특권의 한계를 드러내고, 그 원칙을 해체하는 데 참여하며, 다르게 생각하고 글 쓸 기회를 열어준다.

[그림 7.2] 로고스 중심주의의 종언. 데이비드 건컬 제작.

쓰기를 위협하는 존재가 아니며, 플루서를 괴롭혔던 탈문해력 시대의 조짐도 아니다. LLM은 적어도 AI가 등장하기 한 세기 전부터 문학이론과 실천의 혁신들에 의해 이미 도전받아 온, 글쓰기에 대한 제한적인 개념화와 특정 개념화를 위협할 뿐이다.

LLM은 우리가 "글쓰기의 종말"(Thomas, 2023; iA.net, 2023)을 예고하는 대재앙의 신호로 (잘못) 이해하는 대신, 로고스 중심주의 특권의 한계를 드러내고 그 원칙들을 해체하는 데 참여한다면, 글쓰기가 다르게 위치하게 될 미래의 길을 열어줄 것이다([그림 7.2] 참조). 실제로 글쓰기에는 미래가 있다. 바로 미래에 대해 질문하고 계획을 세울 가능성을 만들어낸 것이 문자 언어(그것의 선형적 질서와 순차적 시간성)였기 때문이다. 따라서 글쓰기는 글쓰기와 그 미래(혹은 그 부재)에 대한 우리의 사유를 포함하여 이미 모든 것을 탈바꿈시켜 왔다. 좋든 싫든 우리는 글을 쓸 운명이다. 혹은, 플루서가 그의 에세이 말미에 썼듯이 "마지막 글쓰기라니, 말도 안 되는 소리라고 말할 사람도 있을 것이다. 분명 더 많은 글쓰기의 물결이 인쇄기와 기술적으로 발전된 복제 장치를 거쳐 환경으로 흘러들 것이다. (…) 그리고 이런 텍스트 인플레이션에 비추어 볼 때, 결국 그것들을 마침내 글쓰기라고 부르는 것은 일리가 있다." 오늘날 글쓰기는 LLM을 통해 흐른다.

둘째, LLM이 로고스 중심주의를 해체한다고 해서, 더 정확히 말하면 이 특정 기술이 출현하기 전부터 이미 진행 중이었던 로고스 중심주의의 해체에 기여한다고 해서, 이 사상을 파괴하거나 폐허로 만드는 것은 아니다. 해체라는 단어에 대한 오해와 오용이 워낙 흔하다 보니 일종의 직업적 태만이 되었지만, '해체'는 파괴나 분해를 의미하지 않는다. 데리다는 "'해체(deconstruction)'의 접두어 'de-'는 스스로를 구성하고 있는 것을 허무는 것이 아니라, 오히려 구성주의나 파괴주의 도식의 너머에서 여전히 사유되어야 할 것을 의미한다"라고 설명한다(Derrida 1993, 147쪽). 이를 도식적으로 표현하면, 해체는 말과 글 같은 이항 대립적 이분법에 개입하는 하나의 방식이며, 데리다가 "이중 제스처_{a double gesture}"라고 부른 두 가지 방식으로 구성된다(Derrida 1981b, 41쪽). 즉, 기존의 이항 대립을 뒤집는 전복과 기존 시스템 및 사유 방식의 틀에 가두거나 규정할 수 없는 새로운 개념의 출현이다.

따라서 로고스 중심주의의 핵심 조건인 말과 글의 이분법을 해체함으로써, LLM은 (1) 말하기 **전에**, 심지어 말이 없어도 글을 쓰기 때문에 말과 글의 대립적 위계질서를 실질적으로 뒤집고, (2) 로고스 중심주의 원리(말하려는 의지가 선행되고 글이 말에서 파생된다는, 즉 글이 말에 의존한다는 관점)에 얽매이지 않는 글쓰기, 또는 '텍스트 생성'이라는 새로운 개념의 출현을 알린다. 따라서 글쓰기에는 로고스 중심주의와 이를 지배하는 개념적 대립의 궁극적 한계를 넘어서는 미래(어쩌면 밝은 미래)가 있다. 그런데 이런 기대를 할 수 있는 것은 정확히는 LLM이 그동안 비난받아 온 특성, 즉 어떤 것도 말하고 싶어하지 않고 자신이 하는 말을 이해하지 못한 채 글을 쓴다는 점 때문이다. 하지만 이 때문에 LLM이, 그리고 이 기술이 언어와 글쓰기에 대한 우리의 이해에 불러일으키는 혼란이 그토록 강력하고 중요해지는 이유이다. 만약 우리가 "이게 정말로 데리다가 원했던 것일까?"라거나 "데리다가 자신의 글이 이런 식으로 읽히고 해석되는 것을 승인했을까?" 같은 비판적 질문이라도 던진다면, 바로 이러한 탐구 방식이야말로 종말을 맞이하고 있는 것이다. 즉, 저자의 원래 의도뿐만 아니라, 텍스트가 어떻게 사용되고, 이해되며 관계 맺는지에 대한 저자의 권위에 대해 묻는 질문들이다. LLM이 제공하는 철학적 기회(혹은 도전)는 이 모든 것을 읽어낼 수 있게 만든다는 점에 있다.

셋째, 이로부터 도출되는 결론은 텍스트가 어떻게 생성됐든 상관없이, 우리가 텍스트를 다룰 때 직면하는 중요한 질문은 저자에 관한 것('저자는 누구이며 그들이 무엇을 말하려 하는가')이 아니라는 점이다. 그보다는 글이 이치에 맞고 그 진실을 드러내는지 여부와 그 방식에 관한 질문이다. 플라톤은 이 중대한 관점의 변화를 예견한 적이 있다. 파이드로스가 소크라테스에게 테우트와 타무스에 관한 이야기를 두고 헛소리라고 비판했을 때, 소크라테스는 이렇게 대답했기 때문이다.

> 파이드로스: 소크라테스, 당신은 이집트든 원하는 어떤 나라의 이야기든 쉽게 지어내는군요.
>
> 소크라테스: 이보게 친구, 사람들은 도도나에 있는 제우스의 성소에 있는 떡갈나무의 말이 최초의 예언적 발언이었다고 말하곤 했다네. 당시 사람들은 자네 같은 젊은이만큼 현명하지 못해서, 그저 진실만을 말하기만 하면 떡갈나무나 바위의 말이라도 기꺼이 듣고 만족했네. 허나 자네에게는 아마도 누가 말하는지, 그가 어디에서 왔는지가 중요한 모양이군. 자네는 그저 그 말이 참인지 아닌지만을 따지지 않으니 말일세. (플라톤, 『파이드로스』, 275b-c)

이 답변에서 소크라테스가 시사하듯이, 중요한 문제는 누가 말하는 사람이고 그가 어디에서 왔는지가 아니라 설령 떡갈나무, 바위, 혹은 LLM에 의해 생성되었다고 할지라도 그 말 자체가 진실을 말하는지 여부이다. 바르트(1978)가 썼듯이, 일련의 단어들이 갖는 의미는 그것이 원래 의도에 있는 것이 아니라 목적지에 있다. 그렇다면 글로 쓰인 것이 이치에 맞게 되고 의미를 갖는 것은 바로 읽기라는 행위 안에서이다. 물론 이는 플루서(2011, 37쪽)가 이미 지적했듯이, "텍스트는 독자 수만큼이나 다양한 의미를 갖는다"는 뜻이기도 하다. 글쓰기의 미래는 읽기에 있다. 단순히 읽는 활동 그 자체에만 국한되는 것이 아니라, 무엇을 어떻게 읽을지에 대한 선택과 큐레이션하는 일까지도 포함한다. 그리고 이러한 결정은 개인에 의해서만 이루어지는 것이 아니라 언제나 공유되고, 때로는 논쟁의 여지가 있으며, 특정한 독서 공동체와 독자층을 규정하는 일을 나타내기도 한다. 읽기와 해석은 관계적이고 공동체적인 문제이다.

마지막으로, 글쓰기에 대한 이 글(글쓰기의 종말이 찾아온 듯한 시점에서 이에 대한 미래를 논하는 이 글)을 마무리하면서, 사람들이 실질적으로 관심 있어 하는 문제에 답하지 않을 수는 없겠다. 내적으로 일관성을 유지하고 수행적 모순을 범하지 않기 위해, 글쓰기와 의미화에 관해 이곳에 기술된 모든 내용은 이 책 자체에도 적용되고 유효해야 할 것이다. 따라서 독자가 방금 읽은 이 책이 인간 저자의 산물인지, LLM의 프롬프트로 생성된 결과물인지, 아니면 인간과 기계 협업의 결과인지 묻는 것은 타당하다. 설령 우리가 제목 페이지에 인쇄된 저자들의 정확한 이름, "100퍼센트 진짜 인간이 생성한 콘텐츠"라는 서면 진술, 워터마크, 그 밖의 공식적인 인증서와 같은 관습적인 징표로 진짜임을 제시한다고 할지라도, 현실적으로 이를 확실히 알 방법은 없다.

이러한 미결정성의 경우 대개는 해결되어야 할 문제로 간주된다. 하지만 바로 이 앎의 부재와 모호함이야말로 독서 행위(그리고 그에 따른 독자의 역할)를 강력하고, 중요하며, 흥미롭게 만든다. 의미와 소통의 목적지는 적어도 가정되거나 사후적으로 상정된 그 기원만큼이나 중요하며, 어쩌면 그보다 더 중요할 수도 있다. 이제 우리는 저자로서 그만 물러나려 한다. 이제는 독자인 여러분들의 차례이다. 소통 방식의 AI가 불러온 최근의 혁신이 우리에게 던진 도전들에 대응하여, 우리는 이 마지막 문장으로 자신 있게 답할 수 있다(그리고 답해야 한다). "'누가 말하고 있는지가 뭐가 중요하겠어?' 누군가가 말했다. '누가 말하고 있는지가 뭐가 중요하지?'"

참고문헌

Agüera y Arcas, Blaise and Peter Norvig. (2023). Artificial General Intelligence Is Already Here. *Noēma*, October 10. https://www.noemamag.com/artificial-general-intelligence-is-already-here.

Altman, Sam. (2023). Planning for AGI and Beyond. OpenAI Website, February 22. https://openai.com/index/planning-for-agi-and-beyond.

America, Mark. (2022). *My Life as an Artificial Creative Intelligence*. Stanford, CA: Stanford University Press.

Anthropic. (2023). Claude's Constitution. Anthropic, May, 9, https://www.anthropic.com/news/claudes-constitution.

Arendt, Hannah. (2017/1951). *The Origins of Totalitarianism*. London: Penguin.

Aristotle. (1932). *Politics*, trans. H. Rackham. Cambridge, MA: Harvard University Press.

Aristotle. (1938). *Categories. On Interpretation. Prior Analytics*, trans. H. P. Cooke. Cambridge, MA: Harvard University Press.

Aristotle. (1980). T*he Metaphysics, Books I–IX*, trans. Hugh Tredennick. Cambridge, MA: Harvard University Press.

Askell, Amanda et al. (2021). A General Language Assistant as a Laboratory for Alignment. Cornell University, ArXiv, https://doi.org/10.48550/arXiv.2112.00861.

Austin, John L. (1962). *How to Do Things with Words*. Oxford: Clarendon.

Barad, Karen. (2007). *Meeting the Universe Halfway: Quantum Physics and the Entangle- ment of Matter and Meaning*. Durham, NC: Duke University Press.

Barthes, Roland. (1978). Death of the Author. In his *Image, Music, Text*, trans. Stephen Heath, 142 – 148. New York: Hill & Wang.

Baudrillard, Jean. (1994). *Simulacra and Simulation*, trans. Sheila Faria Glaser. Ann Arbor: University of Michigan Press.

Beckers, Anna and Gunther Teubner. (2021). *Three Liability Regimes for Ar-*

tificial Intelligence: Algorithmic Actants, Hybrids, Crowds. Oxford: Hart Publishing.

Belga News Agency. (2023). We Will Live as One in Heaven: Belgian Man Dies by Suicide after Chatbot Exchanges. Belga, March 28. https://www.belganewsagency.eu/we-will-live-as-one-in-heaven-belgian-man-dies-of-suicide-following-chatbot-exchanges.

Bender, Emily M., Timnit Gebru, Angelina McMillan-Major, and Shmargaret Shmitchell. (2021). On the Dangers of Stochastic Parrots: Can Language Models Be Too Big? In *Proceedings of the 2021 Conference on Fairness, Accountability, and Transparency*, March 3–10, 2021 (FAccT '21), Virtual Event, Canada, ACM. https://doi.org/10.1145/3442188.3445922.

Biever, Celeste. (2023). ChatGPT Broke the Turing Test: The Race Is On for New Ways to Assess AI. Nature 619: 686–689. https://doi.org/10.1038/d41586-023-02361-7

Birkerts, Sven. (1994). *The Gutenberg Elegies: The Fate of Reading in an Electronic Age*. Boston, MA: Faber & Faber.

Blum, Ben Ash. (2023). To Navigate the Age of AI, the World Needs a New Turing Test. *Wired*, August 10. https://www.wired.com/story/ai-new-turing-test.

Bogost, Ian. (2022). ChatGPT Is Dumber Than You Think. *The Atlantic*. https://www.theatlantic.com/technology/archive/2022/12/chatgpt-openai-artificial-intelligence-writing-ethics/672386.

Bubeck, Sébastien et al. (2023). Sparks of Artificial General Intelligence: Early Experiments with GPT-4. Cornell University, ArXiv, Computer Science. https://doi.org/10.48550/arXiv.2303.12712.

Caliskan, Aylin, Joanna Bryson, and Arvind Narayanan. (2017). Semantics Derived Automatically from Language Corpora Contain Human-Like Biases. *Science* 356(6334): 183–186.

Carey, James. (1989). *Communication as Culture: Essays on Media and Society*. New York: Routledge.

Cazzaniga, M. et al. (2024). Gen-AI: Artificial Intelligence and the Future of Work. Staff Discussion Note SDN2024/001, January. IMF, Washington, DC.

Charlet, Jeremie. (2023). Balancing Innovation and Sustainability: Unpacking the Environmental Impact of Generative AI. *Medium*, October 4.

Chatterjee, Mohar. (2023). AI Cannot Hold Copyright, Federal Judge Rules. *Politico*, August 21. https://www.politico.com/news/2023/08/21/ai-cannot-hold-copyright-federal-judge-rules-00111865.

Chen, Canyu and Kai Shu. (2024). Combating Misinformation in the Age of LLMs: Opportunities and Challenges. *AI Magazine*. https://llm-misinformation.github.io/#Combating-Misinformation-in-the-Age-of-LLMs-Opportunities-and-Challenges.

Chesher, Chris. (2023). *Invocational Media: Reconceptualising the Computer*. New York: Bloomsbury.

Chiang, Ted. (2024). Why AI Isn't Going to Make Art. *New Yorker*, August 31. https://www.newyorker.com/culture/the-weekend-essay/why-ai-isnt-going-to-make-art.

Chowdhury, Rumman. (2023). AI Desperately Needs Global Oversight. *Wired*, April 6. https://www.wired.com/story/ai-desperately-needsglobal-oversight.

Christiano, Paul F., Jan Leike, Tom Brown, Miljan Martic, Shane Legg, and Darlo Amodei. (2017). Deep Reinforcement Learning from Human Preferences. Neural IPS Proceedings: *Advancements in Neural Information Processing Systems 30* (NIPS 2017), Long Beach, CA. http://papers.neurips.cc/paper/7017-deep-reinforcement-learning-from-human-preferences.pdf.

Coeckelbergh, Mark. (2017). *Using Words and Things*. New York: Routledge.

Coeckelbergh, Mark. (2018). How to Describe and Evaluate "Deception" Phenomena: Recasting the Metaphysics, Ethics, and Politics of ICTs in Terms of Magic and Performance and Taking a Relational and Narrative Turn. *Ethics and Information Technology* 20: 71–85. https://doi.org/10.1007/s10676-017-9441-5.

Coeckelbergh, Mark. (2022). *The Political Philosophy of AI: An Introduction*. Cambridge: Polity.

Coeckelbergh, Mark. (2024). *Why AI Undermines Democracy and What to Do about It*. Cambridge: Polity.

Coeckelbergh, Mark and David Gunkel. (2023). ChatGPT: Deconstructing the Debate and Moving It Forward. *AI & Society*. https://doi.org/10.1007/s00146-023-01710-4.

Cohen, J. (1986). An Epistemic Conception of Democracy. *Ethics* 97(1): 26–38.

Coyne, Richard. (2014). Reflections on Technology, Media and Culture. Blog, June 1. https://richardcoyne.com/2024/06/01/derrida-on-ai-2.

David, Marian. (2015). The Correspondence Theory of Truth. In Edward N. Zalta (ed.), *Stanford Encyclopedia of Philosophy*. https://plato.stanford.edu/entries/truth-correspondence.

Derrida, Jacques. (1976). *Of Grammatology*, trans. G. C. Spivak. Baltimore, MD: Johns Hopkins University Press.

Derrida, Jacques. (1978). *Writing and Difference*, trans. A. Bass. Chicago, IL: University of Chicago Press.

Derrida, Jacques. (1981a). *Dissemination*, trans. B. Johnson. Chicago, IL: University of Chicago Press.

Derrida. Jacques. (1981b). *Positions*, trans. Alan Bass. Chicago, IL: University of Chicago Press.

Derrida, Jacques. (1982). *Margins of Philosophy*, trans. Alan Bass. Chicago, IL: University of Chicago Press.

Derrida, Jacques. (1993). *Limited Inc*, trans. Samuel Weber and Jeffrey Mehlman. Evanston, IL: Northwestern University Press.

Descartes, René. (1988). *Selected Philosophical Writings*, trans. John Cottingham, Robert Stoothoff, and Dugald Murdoch. Cambridge: Cambridge University Press.

Dewey, John. (2011). The Problem of Truth. In J. Boydston (ed.), *John Dewey: The Middle Works*, vol. 6, 12–68. Carbondale, IL: Southern Illinois University Press.

Dreyfus, Hubert. (1972). *What Computers Can't Do*. New York: MIT Press.

Edison, Thomas A. (1878). The Phonograph and Its Future. *North American Review* 126: 527–536.

Edukitchen. (2023). Chomsky on ChatGPT, Russia, Education and the Unvaccinated. Youtube, January 21. https://www.youtube.com/watch?v=IgxzcOugvEI.

Esposito, Roberto. (2015). *Persons and Things*, trans. Zakiya Hanafi. Cambridge: Polity.

Estlund, David. (2007). *Democratic Authority: A Philosophical Framework*. Princeton, NJ: Princeton University Press.

Evans, Katie D., Scott A. Robbins, and Joanna J. Bryson. (2023). Do We Collaborate with What We Design? *Topics in Cognitive Science*, August 15. https://doi.org/10.1111/tops.12682.

Fares, Murhaf, Andrei Kutuzov, Stephan Oepen, and Erik Velldal. (2017). Word vectors, reuse, and replicability: Towards a community repository of large-text resources. In Jörg Tiedemann (ed.), *Proceedings of the 21st Nordic Conference on Computational Linguistics* (NoDaLiDa), 22–24 May 2017. Linköping University Electronic Press. https://doi.org/978-91-7685-601-7. (See also http://vectors.nlpl.eu/explore/embeddings/en.)

Ferguson, Kirby. (2023). Everything Is a Remix. Web film series, YouTube, complete updated edn. https://www.youtube.com/watch ?v=X9RYuvP-CQUA.

Firth, J. R. (1957). *A Synopsis of Linguistic Theory, 1930–1955*. Oxford: Blackwell.

Flusser, Vilém. (2011). *Does Writing Have a Future?* trans. Nancy Ann Roth. Minneapolis: University of Minnesota Press.

Foucault, Michel. (1984). What Is an Author? trans. Josué V. Harari. In Paul Rabinow (ed.), *The Foucault Reader*, 101–120. New York: Pantheon.

Frankfurt, Harry. (2005). *On Bullshit*. Princeton, NJ: Princeton University Press.

Friedlander, Emilie. (2019). How Holly Herndon and Her AI Baby Spawned a New Kind of Folk Music. *The Fader*, May 21. https://www.thefader.com/2019/05/21/holly-herndon-proto-ai-spawn-interview.

Future of Life Institute. (2023). Pause Giant AI Experiments: An Open Letter. https://futureoflife.org/open-letter/pause-giant-ai-experiments.

Greene, Lucie. (2018). *Silicon States: The Power and Politics of Big Tech and What It Means for Our Future*. Berkeley, CA: Counterpoint.

Grynbaum, Michael M. and Ryan Mac. (2023). The Times Sues OpenAI and

Microsoft over AI Use of Copyrighted Work. New York Times, December 27. https://www.nytimes.com/2023/12/27/business/media/new-york-times-open-ai-microsoft-lawsuit.html.

Gunkel, David J. (2001). *Hacking Cyberspace*. Boulder, CO: Westview Press.

Gunkel, David J. (2003). Second Thoughts: Toward a Critique of the Digital Divide. *New Media & Society* 5(4): 499–522. https://doi.org/10.1177/146144480354003.

Gunkel, David J. (2016). *Of Remixology: Ethics and Aesthetics after Remix*. Cambridge, MA: MIT Press.

Gunkel, David J. (2020). *An Introduction to Communication and Artificial Intelligence*. Cambridge: Polity.

Gunkel, David. J. (2021). *Deconstruction*. Cambridge, MA: MIT Press.

Gunkel, David J. (2023). *Person, Thing, Robot: A Moral and Legal Ontology for the 21st Century and Beyond*. Cambridge, MA: MIT Press.

Gunkel, David J. (2024). *AI for Communication*. New York: Routledge Books.

Gunkel, David J. (2025). Generative AI and Remix: Difference and Repetition. In Eduardo Navas, Owen Gallagher, and xtine burrough (eds.), *The Routledge Companion to Remix Studies* (2nd edn). New York: Routledge.

Guzman, Andrea L. (2018). Introduction: What Is Human–Machine Communication, Anyway? In Andrea L. Guzman (ed.), *Human–Machine Communication: Rethinking Communication, Technology and Ourselves*, 1–28. New York: Peter Lang.

Haraway, Donna J. (1991). *Simians, Cyborgs, and Women: The Reinvention of Nature*. New York: Routledge.

Haraway, Donna J. (2016). *Staying with the Trouble: Making Kin in the Chthulucene*. Durham, NC: Duke University Press.

Heidegger, Martin. (1977). Letter on Humanism. In David Farrell Krell (ed.), *Heidegger: Basic Writings*, 189–242. New York: Harper & Row.

Heidegger, Martin. (1994). *Basic Questions of Philosophy: Selected "Problems" of "Logic,"* trans. R. Rojcewicz and A. Schuwer. Bloomington: Indiana University Press.

Heikkilä, Melissa. (2022). We're Getting a Better Idea of AI's True Carbon Footprint. *MIT Technology Review*, November 14. https://www.technologyreview.com/2022/11/14/1063192/were-getting-abetter-idea-of-ais-true-carbon-footprint.

Hicks, Michael Townsen, James Humphries, and Joe Slater. (2024). ChatGPT Is Bullshit. *Ethics and Information Technology*. https://doi.org/10.1007/s10676-024-09775-5.

Ho ɬy-Łuczaj, Magdalena and Vincent Blok. (2019). How to Deal with Hybrids in the Anthropocene? Towards a Philosophy of Technology and Environmental Philosophy 2.0. *Environmental Values* 28(3): 325-345. https://doi.org/10.3197/096327119x15519764179818.

Hunter, Dan, and Gregory Lastowka. (2004). Amateur-to-Amateur. *William and Mary Law Review* 46: 951-1030. https://scholarship.law.wm.edu/wmlr/vol46/iss3/3.

iA.net. (2023). AI and the End of Writing. *Information Architects*, January 25. https://ia.net/topics/the-end-of-writing-ia-on-ai.

Johnson, Deborah G. (2006). Computer Systems: Moral Entities but Not Moral Agents. *Ethics and Information Technology* 8: 195-204. https://doi.org/10.1007 /s10676-006-9111-5.

Jones, Cameron R. and Benjamin K. Bergen. (2024). People Cannot Distinguish GPT-4 from a Human in a Turing Test. Cornell University, ArXiv, Human-Computer Interaction, May 9. https://arxiv.org/abs/2405.08007.

Josephson-Storm, Jason A. (2017). *The Myth of Disenchantment: Magic, Modernity, and the Birth of the Human Sciences*. Chicago, IL: University of Chicago Press.

Kant, Immanuel. (1987). *Critique of Judgment*, trans. W. S. Pluhar. Indianapolis, IN: Hackett.

Kant, Immanuel. (1998/1787). *Critique of Pure Reason*, trans. Paul Guyer and Allen W. Wood. Cambridge: Cambridge University Press.

Kaplan, Jerry. (2016). *Artificial Intelligence: What Everyone Needs to Know*. New York: Oxford University Press.

Kelly, Kevin. (2014). The Three Breakthroughs That Have Finally Unleashed AI on the World. *Wired*, October 27. https://www.wired.com/2014/10/future-of-artificial-intelligence.

Keynes, John Maynard. (2010). *Essays in Persuasion*. New York: Palgrave Macmillan.

Khowaja, Sunder Ali, Parus Khuwaja, Kapal Dev, Weizheng Wang, and Nkenyereye Lewis. (2024). ChatGPT Needs SPADE (Sustainability, PrivAcy, Digital divide, and Ethics) Evaluation: A Review. *Cognitive Computation* 16: 2528 – 2550. https://doi.org/10.1007/s12559-024-10285-1.

Kirschenbaum, Matthew. (2023). Prepare for the Textpocalypse. *The Atlantic*, March 8. https://www.theatlantic.com/technology/archive/2023/03/ai-chatgpt-writing-language-models/673318.

Knibbs, Kate. (2023). Why This Award-Winning Piece of AI Art Can't Be Copyrighted. *Wired*, September 6. https://www.wired.com/story/ai-art-copyright-matthew-allen.

Lakoff, George and Mark Johnson. (1980). *Metaphors We Live By*. Chicago, IL: University of Chicago Press.

Landemore, Hélène. (2017). Beyond the Fact of Disagreement? The Epistemic Turn in Deliberative Democracy. *Social Epistemology* 31(3): 277 – 295. https://doi.org/10.1080/02691728.2017.1317868.

Lemoine, Blake. (2022). Is LaMDA Sentient? An Interview. *Medium*, June 11. https://cajundiscordian.medium.com/is-lamda-sentient-an-interview-ea64d916d917.

Maleki, Negar, Balaji Padmanabhan, and Kaushik Dutta. (2024). AI Hallucinations: A Misnomer Worth Clarifying. Cornell University, ArXiv, Computer Science, January 9. https://arxiv.org/html/2401.06796v1.

Mamak, Kamil. (2021). Whether to Save a Robot or a Human: On the Ethical and Legal Limits of Protections for Robots. In Anne Gerdes, Mark Coeckelbergh, and David J. Gunkel (eds.), *Should Robots Have Standing? The Moral and Legal Status of Social Robots*, 24 – 33. doi:10.3389/frobt.2021.712427.

Marche, Stephen. (2023). The Future of Writing Is a Lot Like Hip-Hop. The Atlantic, May 9. https://www.theatlantic.com/technology/archive/2023/05/generative-ai-novel-writing-experiment-stephen-marche/673997.

Marcus, Gary. (2024). *Taming Silicon Valley: How We Can Ensure that AI Works for Us*. Cambridge, MA: MIT Press.

Marcus, Gary and Ernest Davis. (2023). Large Language Models like ChatGPT Say the Darnedest Things. Garymarcus.substack.com, January 9, 2023. https://garymarcus.substack.com/p/large-language-models-like-chatgpt.

McLuhan, Marshall. (1995). *Understanding Media: The Extensions of Man*. Cambridge, MA: MIT Press.

McQuate, Sarah. (2023). Q&A: UW Researcher Discusses Just How Much Energy ChatGPT Uses. University of Washington, UW News. July 27. https://www.washington.edu/news/2023/07/27/how-much-energy-does-chatgpt-use.

Minh-ha, Trinh, T. (1989). *Woman Native Other: Writing Postcoloniality and Feminism*. Bloomington: Indiana University Press.

Natale, Simone. (2021). *Deceitful Media: Artificial Intelligence and Social Life after the Turing Test*. New York: Oxford University Press.

Nature Editorial. (2023). Tools Such as ChatGPT Threaten Transparent Science: Here are our Ground Rules for Their Use. *Nature* 613: 612. https://doi.org/10.1038/d41586-023-00191-1

The New York Times Company v. Microsoft Corporation, 1:23-cv-11195, S.D.N.Y. 27 December 2023.

Nietzsche, Friedrich. (1974). *The Gay Science*, trans. Walter Kaufmann. New York: Random House.

Nietzsche, Friedrich. (1980). *Nachgelassene Fragmente, 1869–1874*. In Giorgio Colli and Mazzino Montinari (eds.), *Sämtliche Werke*, vol. 7: *Kritische Studienausgabe*. Berlin: Walter de Gruyter.

Nietzsche Friedrich. (1983). *Twilight of the Idols*. In Walter Kaufmann (ed. and trans.), *The Portable Nietzsche*. New York: Penguin Books.

Nietzsche, Friedrich. (1989). *Beyond Good and Evil*, trans. Walter Kaufmann. New York: Vintage Books.

Nietzsche, Friedrich. (2020). About Truth and Lie in an Extra-Moral Sense. In Daniel F. Ferrer (ed. and trans.), *Nietzsche's Seven Notebooks from 1878*. https://archive.org/details/nietzsches-seven-notebooks-from-1876.

Ong, Walter J. (1995). *Orality and Literacy: The Technologizing of the Word*. New

York: Routledge.

OpenAI. (2024). OpenAI Charter. https://openai.com/charter.

OpenAI. (2024). OpenAI and Journalism. January 8. https://openai.com/index/openai-and-journalism.

Oremus, Will. (2022). Google's AI Passed a Famous Test: And Showed How the Test Is Broken. Washington Post, June 17. https://www.washingtonpost.com/technology/2022/06/17/google-ai-lamdaturing-test.

Plato. (1977). *Cratylus*, trans. H. N. Fowler. Cambridge, MA: Harvard University Press.

Plato. (1982). *Euthyphro, Apology, Crito, Phaedo, Phaedrus*, trans. Harold North Fowler. Cambridge, MA: Harvard University Press.

Plato. (1987). *Republic*, trans. P. Shorey. Cambridge, MA: Harvard University Press.

Plato. (1997). *Gorgias*. In John M. Cooper (ed.), *Plato, Complete Works*, 791–869. Indianapolis, IN: Hackett Publishing.

Raper, Rebecca et al. (2022). Sustainability Budgets: A Practical Management and Governance Method for Achieving Goal 13 of the Sustainable Development Goals for AI Development. *Sustainability* 14(7), art. 4019. https://doi.org/10.3390/su14074019.

Ricoeur, Paul. (1984). *Time and Narrative*, vol. 1, trans. Katheen McLaughlin and David Pellauer. Chicago, IL: University of Chicago Press.

Ricoeur, Paul. (2007). *Reflections on the Just*, trans. David Pellauer. Chicago, IL: University of Chicago Press.

Rorty, Richard. (1979). *Philosophy and the Mirror of Nature*. Princeton, NJ: Princeton University Press.

Rose, Mark. (2002). Copyright and Its Metaphors. *UCLA Law Review* 50(1): 1–15. https://www.uclalawreview.org/copyright-and-its-metaphors.

Schank, Roger C. (1990). What Is AI Anyway? In Derek Partridge and Yorick Wilks (eds.), *The Foundations of Artificial Intelligence: A Sourcebook*, 3–13. Cambridge: Cambridge University Press.

Saussure, Ferdinand de. (1959). *Course in General Linguistics*, trans. W. Baskin. London: Peter Owen.

Searle, John. (1980). Mind, Brains and Programs. *Behavioral and Brain Sciences*

3(3): 417–424. https://doi.org/10.1017/S0140525X00005756.

Searle, John. (1996). *The Construction of Social Reality*. London: Penguin.

Searle, John. (1999). The Chinese Room. In R. A. Wilson and F. Keil (eds.), *The MIT Encyclopedia of the Cognitive Sciences*, 115–116. Cambridge, MA: MIT Press.

Sengupta, Bhagyasree. (2024). Elon Musk Says "Woke AI" Could "Potentially" Kill People. Republic, March 16. https://www.republicworld.com/world-news/elon-musk-says-woke-ai-can-potentially-kill-people/?amp=1.

Shannon, Claude E. (1950). Programming a Computer for Playing Chess. *Philosophical Magazine* (series 7) 41(314): 256–275. https://doi.org/10.1080/14786445008521796.

Shannon, Claude E. and Warren Weaver. (1949). *The Mathematical Theory of Communication*. Urbana: University of Illinois Press.

Shrivastava, Rashi. (2024). The Prompt: Google's AI Suggested Adding Glue to Pizza. *Forbes*, May 28. https://www.forbes.com/sites/rashishrivastava/2024/05/28/the-prompt-googles-ai-suggested-adding-glue-to-pizza.

Smith, Daniel W. (2006). The Concept of the Simulacrum: Deleuze and the Overturning of Platonism. *Continental Philosophy Review* 38(1/2): 89–123. doi: 10.1007/s11007-006-3305-8.

Spawning.ai. (2024). Spawning: Data Governance for Generative AI. https://spawning.ai.

Spivak, Gayatri Chakravorty. (1998). *In Other Worlds: Essays in Cultural Politics*. New York: Routledge.

Stiegler, Bernard. (2008). *Technics and Time*, vol. 2: *Disorientation*, trans. by Stephen Barker. Stanford: Stanford University Press.

Strauss, William. (1955). The Moral Right of the Author. *American Journal of Comparative Law* 4(4): 506–538. https://doi.org/10.2307/838072.

Suleyman, Mustafa. (2023). My New Turing Test Would See If AI Can Make $1 Million. *MIT Technology Review*, July 14. https://www.technologyreview.com/2023/07/14/1076296/mustafa-suleyman-my-new-turing-test-would-see-if-ai-can-make-1-million.

Tangermann, Victor. (2024). Sam Altman Says AI Using Too Much Energy, Will Require Breakthrough Energy Source. Futurism, January 17. https://futurism.com/sam-altman-energy-breakthrough.

Tanner, Stening. (2023). What Are AI Chatbots Actually Doing When They "Hallucinate"? Here's Why Experts Don't Like the Term. *Northeastern Global News*, September 28. https://news.northeastern.edu/2023/11/10/ai-chatbot-hallucinations.

Thaler (Appellant) v Comptroller-General of Patents, Designs and Trade Marks (Respondent) [2023] UKSC 49. https://www.supremecourt.uk/cases/docs/uksc-2021-0201-judgment.pdf.

Thomas, Sean. (2023). AI Is the End of Writing. *The Spectator*, January 10. https://www.spectator.co.uk/article/ai-is-the-end-of-writing.

Turing, Alan. (1950). Computing Machinery and Intelligence. *Mind* 59(236): 433–460. https://doi.org/10.1093/mind/LIX.236.433.

United Nations Secretary-General's Advisory Body on Artificial Intelligence. (2023). *Governing AI for Humanity*. Interim Report December 2023. United Nations.

US Copyright Office. (2024). What Is Copyright. https://www.copyright.gov/what-is-copyright.

Vallor, Shannon. (2024a). The Danger of Superhuman AI Is Not What You Think. *Noēma*, May 23. https://www.noemamag.com/the-danger-of-superhuman-ai-is-not-what-you-think.

Vallor, Shannon. (2024b). *The AI Mirror: How to Reclaim our Humanity in an Age of Machine Thinking*. Oxford: Oxford University Press.

Velmans, Max. (2000). *Understanding Consciousness*. London: Routledge.

Vries, Alex de. (2023). The Growing Energy Footprint of Artificial Intelligence. *Joule* 7(10): 2191–2194. https://doi.org/10.1016/j.joule.2023.09.004

Watercutter, Angela. (2023). The Hollywood Strikes Stopped AI from Taking Your Job: But for How Long? Wired, December 25. https://www.wired.com/story/hollywood-saved-your-job-from-ai-2023-will-it-last.

Weatherby, Leif. (2023). ChatGPT Broke the Turing Test. *Boston Globe*, November 13. https://www.bostonglobe.com/2023/11/13/opinion/turing-test-ai-chatgpt.

Weil, Elizabeth. (2023). You Are Not a Parrot: And a Chatbot Is Not a Human: And a Linguist Named Emily M. Bender Is Very Worried What Will Happen When We Forget This. *New York Magazine*, March 1. https://nymag.com/intelligencer/article/ai-artificial-intelligence-chatbots-emily-m-bender.html.

Wikipedia. (2024). Citing Wikipedia. https://en.wikipedia.org/wiki/Wikipedia:Citing_Wikipedia.

Wittgenstein, Ludwig. (1995/1922). *Tractatus logico-philosophicus*. New York: Routledge.

Wittgenstein, Ludwig. (2009/1953). *Philosophical Investigations* (rev. 4th edn), trans. G. E. M. Anscombe, P. M. S. Hacker, and J. Schulte. Malden, MA: Wiley.

Wodecki, Ben. (2023). OpenAI's GPT-4 Has Lowest Hallucination Rate. AI Business, November 21. https://aibusiness.com/nlp/openai-s-gpt-4-surpasses-rivals-in-document-summary-accuracy.

Wolf, Michael P. (2024). Philosophy of Language. In *The Internet Encyclopedia of Philosophy*. https://iep.utm.edu/lang-phi.

Žižek, Slavoj. (2008a). *For They Know Not What They Do: Enjoyment As a Political Factor*. London: Verso.

Žižek, Slavoj. (2008b). *In Defense of Lost Causes*. London: Verso.

찾아보기

기계가 언어를 사용한다는 것에 대한 인문학적 사유
: LLM 인공지능이 생성하는 글과 말을 어떻게 바라볼 것인가

초판 1쇄 발행 2026년 04월 27일

지은이 | 마크 코켈버그, 데이비드 J. 건컬
옮긴이 | 신동숙
감   수 | 손화철

펴낸곳 | 도서출판 생각이음
펴낸이 | 김종희
디자인 | 김희진

출판등록 | 2017년 10월 27일(제2019-000031)
주소 | (04045) 서울시 마포구 양화로 64, 8층 LS-837호(서교동, 서교제일빌딩)
전화 | (02)337-1673
전자우편 | thinklink37@naver.com

ISBN 979-11-987407-4-8 03100